Dem Suchenden
des wahren Selbst gewidmet

HEYNE <

Die Autoren

Mark L. und Elizabeth Clare Prophet sind Pioniere der modernen Spiritualität. Zusammen gründeten sie eine spirituelle Bewegung, die weltweit Anhänger hat. Auf ihren Pilgerreisen trafen sie mit Indira Gandhi und dem Dalai Lama zusammen. Ihre Werke wurden in mehr als fünfundzwanzig Sprachen übersetzt. Dadurch und durch die Entwicklung bahnbrechender spiritueller Praktiken erlangten sie internationale Berühmtheit. Mark L. Prophet verstarb 1973, Elizabeth Clare Prophet im Jahr 2009.

MARK L. PROPHET
ELIZABETH CLARE PROPHET

Entdecke dein wahres Selbst

Herz und Seele befreien im
Einklang mit dem tiefsten Inneren

Aus dem Amerikanischen
von Manfred Miethe

WILHELM HEYNE VERLAG
MÜNCHEN

Die amerikanische Originalausgabe erschien unter dem Titel
Understanding Yourself im Verlag Summit University Press, Gardiner, Montana.

FSC
Mix
Produktgruppe aus vorbildlich
bewirtschafteten Wäldern und
anderen kontrollierten Herkünften

Zert.-Nr. SGS-COC-001940
www.fsc.org
© 1996 Forest Stewardship Council

Verlagsgruppe Random House FSC-DEU-0100
Das für dieses Buch verwendete
FSC-zertifizierte Papier *Holmen Book Cream*
liefert Holmen Paper, Hallstavik, Schweden.

Deutsche Erstausgabe 8/2010

Printed in Germany 2010
Umschlaggestaltung: Guter Punkt, München
Umschlagmotiv: © Tihis / Shutterstock
Herstellung: Helga Schörnig
Gesetzt aus der Minion Regular bei C. Schaber Datentechnik, Wels
Druck und Bindung: GGP Media GmbH, Pößneck

ISBN 978-3-453-70141-0

http://www.heyne.de

Inhalt

ANMERKUNG: Da eine geschlechtsneutrale Sprache gelegentlich sehr umständlich und manchmal sogar verwirrend sein kann, haben wir die Wörter *er, ihn, ihm* und *sein* beziehungsweise *eine* gebraucht, wenn wir uns auf Gott oder den Menschen im Allgemeinen bezogen haben. Wir haben diese Wörter der besseren Lesbarkeit halber gebraucht und nicht, weil wir vorhatten, Frauen oder den weiblichen Aspekt der Gottheit auszuschließen. Gott ist sowohl männlich als auch weiblich. Wir benutzen allerdings die Worte *sie, ihr* und *ihre*, wenn wir von der Seele sprechen, weil jede Seele, gleich, ob sie in einem männlichen oder einem weiblichen Körper ein Zuhause gefunden hat, das weibliche Gegenstück zum männlichen Geist ist.

Mensch,
erkenne dich selbst …

Mensch,
erkenne dein Selbst …

1

Bewusstsein ist das Tor zur Wirklichkeit

Denn wer sich selbst nicht erkannt hat, hat gar nichts erkannt. Wer aber sich selbst erkannt hat, hat auch schon Erkenntnis über die Tiefe des Alls erlangt.

Jesus[1]

Das Selbst ist untrennbar mit dem Bewusstsein verwoben, und Bewusstsein ist das Tor zur Wirklichkeit. Im Zustand der Unreinheit löscht das Bewusstsein das Licht aus, im Zustand der Reinheit sendet es Licht aus.

Die Ermahnung: »Also lasst euer Licht leuchten vor den Leuten, dass sie eure guten Werke sehen und euren Vater im Himmel preisen«[2] ist sowohl eine Segnung als auch ein Tadel. Sie ist ein Segen für jene, die sie befolgen, aber ein Tadel gerichtet an jene, die sie nicht befolgen. Aber der Sinn des Lebens besteht nicht darin zu tadeln, sondern darin, die Eigenschaften der Wirklichkeit zu kultivieren.

Die sichtbare Welt ist eine Welt der Illusion. Und doch scheint sie so real zu sein und für manche Menschen nehmen sogar die Eigenarten der menschlichen Persönlichkeit Realität an.

Unser Thema – sich selbst zu verstehen – ist sehr umfangreich. Daher streben wir danach, den Faden des menschlichen Bewusstseins durch das Nadelöhr in die Welt der kristallklaren Realität zu fädeln.

Vom Standpunkt des menschlichen Verstandes aus gesehen, ist es traurig, dass dafür Illusionen zerstört werden müssen. Aber wir erachten es für wesentlich weiser und weniger schmerzhaft, diese Illusionen durch den geschickten Einsatz geistiger Unterscheidungskraft zu zerstören, als sie durch den Zusammenprall mit dem höheren Gesetz zerbrechen zu lassen, da dieses Gesetz jedem Menschen genau jene negativen Energien an die Schwelle seines Hauses zurückbringt, die er ausgesendet hat.

Die Sehnsucht nach Freundschaft mit Gott und den Menschen

Lasst uns durch die Nacht der menschlichen Vernunft reisen. Während wir durch das Gestrüpp eines wüsten Landes kommen, erscheint plötzlich ein Licht. Es ist ein Licht, das auf einem Berg erstrahlt.[3] Wir erblicken verborgen im Dunst ein altes Schloss. Und der schwache Lichtstrahl, der aus einem Fenster scheint, ist ein leuchtendes Zeichen der Hoffnung.

Jemand ist dort – jemand, der uns willkommen heißen wird. Vorsichtig nähern wir uns. Und doch: Als wir näher kommen, frohlockt das Herz in Erwartung eines warmen Empfangs. Ja, die Hoffnung des Herzens, schon bald das Wort »Freund« zu hören, ist sehr groß.

Und damit kommen wir zunächst zur goldenen Regel: »Alles nun, was ihr wollt, dass euch die Leute tun sollen, das tut ihr ihnen auch.«[4] Durch den Gebrauch oder Missbrauch von Gottes Energie ziehen wir ebenjene Beziehungen an, die viele unserer vergangenen Leben mit dem jetzigen verknüpfen.

Manchmal tauchen Stränge des Erkennens in einem momentanen Faden des Kontaktes auf. Eine lang vergessene Berührung entfacht eine menschliche Beziehung, weil Seelen in Kontakt mit der Bitterkeit und Süße vorübergehender Erfahrungen treten. Halte dieses Motiv gegen das Licht, das aus dem Fenster des Schlosses scheint, und erkenne, wie die Menschen in ihrer Sehnsucht nach Akzeptanz, nach Freundschaft, nach Anstand und nach einem Gefühl der Zugehörigkeit die Vergangenheit durchsuchen.

Geistige und materielle Einheit

Stellt euch diese Fragen: Erschafft der ewige Schöpfer seine Schöpfung, ohne dass diese Hoffnung auf geistige Einheit hegen dürfte? Soll Einheit wirklich nur geistig sein oder sollte sie sowohl geistig wie materiell sein?

Wenn ihr euch der Flamme des Lebens bewusst seid, die auf dem Altar eures Herzens lodert, werdet ihr euch der übernatürlichen wie der natürlichen Eigenschaften des Lebens gewahr werden. Manchmal verändern sich diese Eigenschaften. Das Natürliche mag dann übernatürliche oder ungewöhnliche Eigenschaften annehmen, während das Übernatürliche natürlich erscheinen wird.

Gleichgültig, was euch dann irgendjemand auch antun mag, gibt es niemals eine Entschuldigung dafür, eine böse Tat mit Gleichem zu vergelten. Das schließt allerdings nicht die Möglichkeit des Individuums aus, aus der Würde seines Wesens heraus, den Gehorsam gegenüber der menschlichen Unvernunft zu verweigern. Aus Ehrfurcht vor der Flamme, die auf dem Altar des Herzens brennt, kann der Mensch daher den Balsam der Vergebung jedem reichen, dem er begegnet, ohne dabei zum Opfer bösartiger Energien zu werden.

Es ist unser Ziel, all jenen, die den aufgestiegenen und nicht-aufgestiegenen Meistern folgen wollen, die Weisheit Gottes darzulegen, welche die Bemühungen des Menschen, seinen Schöpfer nachzuahmen, nicht verhöhnt. Wir übermitteln Hoffnung und den Faden des Kontakts. Wir übermitteln ein Gefühl der Einheit mit den Brüdern der goldenen Robe. Aber vor allem machen wir unseren Schüler die große Notwendigkeit bewusst, einen edlen Charakter zu entwickeln, um so dem Göttlichen nachzueifern.

Freiheit von geistigen Zwangszuständen

Mögen daher alle die Lektion lernen, Freund und Feind gleichermaßen zu lieben. Manchmal sind Freunde gefährlicher als Feinde, denn Feinde werden als Feinde erkannt, aber Freunde werden nur als Freunde gesehen, selbst wenn sie kritische oder manipulative Gedanken hegen, die beinahe hörbar sind. Unter der Oberfläche der Selbsterkenntnis verborgene Fäden der Selbstsucht bringen Menschen häufig dazu, unrechtmäßig nach der Kontrolle über das Leben anderer Menschen zu streben.

Wenn Rat erbeten wird, kann er frei und ohne weitere Konsequenzen gewährt werden. Wenn aber Rat erteilt wird, ohne erbeten worden zu sein, entsteht daraus häufig eine karmische Verantwortung. Und wenn er dann verworfen wird, erzeugt das unsichtbare Aufeinanderprallen zweier Geister Karma für beide Parteien.

Unruhe und Spannungen zwischen Menschen hinterlassen manchmal ein flaues Gefühl im Magen. Das liegt daran, dass jede Zwietracht eine Störung in der Struktur der Licht-Energie erzeugt, die durch den Solarplexus fließt. Der erste Schritt zu einer gesunden Integration in die Göttliche Gegenwart besteht darin, Spannungen aus den vier niederen Körpern zu entfernen – also aus dem physischen Körper, dem Wunschkörper, dem Mentalkörper und dem Erinnerungskörper.

Wie die Jahre vergehen, so vergehen ganze Leben. Die menschlichen Angelegenheiten erzeugen oftmals Verstrickungen. Die beste Möglichkeit, sich selbst und seine Energien aus den karmischen Strukturen zu befreien, die auf einen selbst zurückfallen, um uns die Möglichkeit der Wiedergutmachung zu geben, besteht darin, sich ein Gefühl der Einheit mit dem Schöpfer und mit all seinen Söhnen und Töchtern zu bewahren. Nur weil ihr Probleme mit bestimmten Menschen hattet, müssen diese Probleme nicht ewig weitergehen. Möget ihr aus euren Erfahrungen lernen, wie eure Seele Freiheit von bedrückenden Geisteszuständen erlangen kann.

Zorn birgt Gefahren für die Seele in sich

Wenn die Menschen das Prinzip verhöhnen und die heiligen Grundsätze des Lebens verletzen, mag das in anderen ein Gefühl der Empörung wachrufen – und dies mit Recht. Es gibt so etwas wie einen gerechten Zorn, aber dabei geht es immer um das Prinzip, nicht um die Person, wie daran sichtbar wird, auf welche Weise Jesus die Geldwechsler aus dem Tempel vertrieb.[5]

Man sollte seinen Zorn niemals auf einen anderen Menschen richten. So wie eine Sturmwolke die Sonne zu verbergen mag, so verbergen die Wolken des Zorns die Sonne der Seele. Daher sollten wir auf die Warnung des Apostels hören, der da sprach: »Lasset die

Sonne nicht über eurem Zorn untergehen.«[6] Die Folgen der Nichtbeachtung dieser Warnung sind in der Tat schwerwiegend.

Wenn sich jemand des Nachts schlafen legt und ungerechtfertigten Zorn gegen einen anderen hegt, kann seine astrale Hülle, das *Ka*, geladen mit dieser Wut von ihm ausgehen und diese auf das ahnungslose Opfer richten. Selbst ohne dass man sich dessen bewusst ist, kann die unkontrollierte Wut zum Instrument des Unglücks oder sogar des plötzlichen Todes des anderen werden.

Wenn ein Mensch schläft, übernimmt das Unterbewusstsein die Kontrolle. Nicht länger vom bewussten, unterscheidungsfähigen Christus-Geist kontrolliert, strebt das geistergleiche Ka danach, seine ungezügelten Leidenschaften auszuleben. Wenn der Mensch am Morgen erwacht, hat er keine Erinnerung an die Missetaten seines Kas. Dennoch wird er die karmische Verantwortung für den Schaden tragen müssen, den sein Unterbewusstsein einem Feind oder einem unschuldigen Opfer zugefügt hat.

Bevor die Sonne untergeht und ihr zu Bett geht, ist es daher wichtig, mit Gott und den Menschen auf allen Ebenen des Bewusstseins Frieden zu schließen.[7]

Öffnet das Tor zu Freude und Wirklichkeit

Wenn die Menschen das Gewand der Gier und des Egoismus tragen, kleiden sie sich in unsinnige Eigenarten. Wenn sie ihr Leben aufgrund von Launen formen statt mithilfe der Geometrie der kosmischen Gesetze, wenn sie sich Gott als vollkommen unpersönlich vorstellen und glauben, er habe kein persönliches Interesse an ihnen oder ihrem Los, dann verschließen sie das Tor zu Freude und Wirklichkeit.

In diesen 16 Kapiteln, in denen es darum geht, sich selbst verstehen zu lernen, werden Lanto, Meru und ich euer Bewusstsein für das Tor der Wirklichkeit öffnen. Wir kommen, um eure Seele, euren Geist, euer Bewusstsein und euer ganzes menschliches Wesen mit einer Bewusstheit zu füllen, welche die Ketten zerbrechen wird, die euch an die Beschränkungen eurer Sterblichkeit gebunden haben.

Wir streben danach, die Grenzen von Gottes Tempel in Männern wie Frauen wiederherzustellen und das Recht des Individuums zu bekräftigen, die Herrschaft über sein eigenes Leben wieder zu erlangen. Wir kommen, um euch bei eurer Suche nach der letztendlichen Wirklichkeit anzuleiten und euch zu versichern, dass wir in diesem Universum als eure Lehrer, Brüder und Freunde sehr wohl gegenwärtig sind. So wie wir Repräsentanten Gottes für die Evolutionen auf der Erde sind, so möge dies auch jedes Individuum sein.

Für jene, die anfangen, sich selbst als Bestandteil Gottes zu begreifen, ist die Welt eine *Stella Nova*, ein neuer Stern. Sie finden sich vom Anbruch eines jeden neuen Tages erfrischt. Die Welt um sie herum wird täglich neu geboren. Ihre müde Seele wirft alle Fantastereien und Enttäuschungen von sich. Endlich öffnen sie ihre Augen und erkennen die Wirklichkeit.

Vom Anbeginn bis zum Ende der Zeit sendet Gott Engel als geistliche Helfer, um seine Kinder in der Kunst der Selbstmeisterung zu unterweisen, die sie zur Wiedervereinigung mit ihm führen soll. Er strebt die allmähliche, doch andauernde Erhöhung all seiner Kinder zu jener Vision des Selbst an, welche die Ganzheit des göttlichen Menschen offenbart: das wahre Selbst.

Seid in Frieden in Gott.
Ich bin voller Liebe

Kuthumi

2

Die Essenz des höheren Bewusstseins

Das gesamte Streben unserer Seele ist darauf gerichtet, Gott zu werden. Dieses Streben ist für den Menschen so natürlich, wie es das Fliegen für die Vögel ist.

Marsilio Ficino[8]

Das Glück, das jemand verspürt, wenn er den Strom seiner Energie bewusst und alleinig auf das Ziel der Vereinigung mit Gott richtet, ist ein Ausdruck universeller Harmonie.

Wenn Menschen danach streben, mit der Essenz ihres eigenen Wesens zu kommunizieren, müssen sie erkennen, dass Gott ihnen seinen göttlichen Samen eingepflanzt hat – so wie er ihn auch der Natur eingepflanzt hat. Meister Eckehart, ein Mystiker aus dem 14. Jahrhundert schrieb: »Es gibt etwas in der Seele, dass Gott so sehr gleicht, dass es eins mit Ihm ist.«[9] Und: »Gottes Same ist in uns.«[10]

Jeder Same bringt die Früchte seiner Art hervor. Jedes Geschöpf bringt seinesgleichen hervor. Da Gott Mann und Frau als freie Vertreter seines Selbst geschaffen hat, sollten diese die Bedeutung der Freiheit in ihrer Ausübung des freien Willens begreifen. Diese Freiheit wird nirgendwo besser ausgedrückt als in dem Samen, den uns Gott eingepflanzt hat.

Kirchenvater Origenes von Alexandria schrieb im 3. Jahrhundert nach Christus: »Da es Gott selbst war, der seinen Samen gesät, diesen uns eingepflanzt und befruchtet hat, kann er wohl bedeckt und verborgen werden, aber er kann niemals zerstört oder ausgelöscht werden. Er glüht und glimmt, scheint und brennt und strebt unaufhörlich nach Gott.«[11] Die scharfsinnige Beobachtung des Origenes, dass der Same »unaufhörlich« Gott zustrebt, offenbarte ihm die unabhängige Natur des in Gott freien Wesens, zu dem Gott jeden von uns bestimmte.

Befreit euch von unerwünschten Gewohnheiten

Die Kultivierung des Bewusstseins eines jeden Menschen wird durch die Strukturen seines Geistes und seiner Seele bestimmt, die tief in seinem Unterbewusstsein liegen. Aufgrund dieser nicht erkannten Einflüsse sagen die Menschen, dass sie sich selbst nicht verstehen. Sie wissen nicht, warum sie tun, was sie tun. Es ist für sie unmöglich, das Tor zum Bewusstsein aufzustemmen, durch die Korridore der Erinnerung zu streifen und eine jede Gewohnheit schon während ihrer Entstehung zu beobachten und daraufhin unerwünschte Gedankenstrukturen auszumerzen.

Es gibt aber einen besseren Weg. Und dieser Weg liegt in der Sättigung des eigenen Bewusstseins mit der Flamme des kosmischen Selbstwertgefühls. Der Ausspruch Moses: »Unser Gott ist ein verzehrend Feuer«[12] ist ein Quell großen Trostes für jene, die ihn verstehen, denn der Göttliche lodert mit wohlwollenden Segnungen, die er über seinem Volk ausschüttet.

Das Pulsieren des heiligen Feuers in Mann und Frau vermittelt in seiner Natürlichkeit die Essenz des höheren Bewusstseins eines jeden Menschen. Dieses Pulsieren schaltet einen Großteil der bösen Absichten aus, die im Unterbewusstsein eingeschlossen sein mögen. Innerhalb der Zellstrukturen erschaffen sie immer wieder von Neuem die außerordentlichsten Eindrücke, die das kosmische Gesetz widerspiegeln.

Empfangt diese Strukturen vom göttlichen Quell Tag für Tag und tretet in das höhere Bewusstsein ein, das sie vermitteln. Mit der Zeit werdet ihr euch dann von den unerwünschten Gewohnheiten des menschlichen Bewusstseins befreit haben. Ihr werdet euch Gott nähern, so wie Gott sich euch nähert.[13]

Die Flammen Gottes anrufen

Die Überlagerung des menschlichen Bewusstseins durch das göttliche Bewusstsein findet statt, wenn der Schüler vor dem Altar des Herzens kniet und die Flammen Gottes anruft. Die regelmäßige Anbetung der Gottesflamme in der geheimen Kammer des Herzens wird das Gefühl seiner eigenen Realität als Realität Gottes zu ihm ziehen.

Die meisten Menschen haben dies in der Unschuld des Kleinkindes- und Kindesalters erfahren. Jene, die wieder in diese direkte Zwiesprache mit Gott eintreten wollen, tun gut daran, nach der Süße Gottes zu streben und seine Gesellschaft zu suchen, so wie er auch mit Adam und Eva im Garten wandelte und sprach.

Die Schüler von Gottes Geist haben das Ritual, die Flammen Gottes durch ihr Bewusstsein zu leiten, seit Jahrhunderten praktiziert. Man tut dies, indem jede Flamme der sieben Strahlen nacheinander angerufen wird.

Die Flammen Gottes bündeln die Energien der sieben Strahlen Gottes: des ersten Strahls, des zweiten Strahls und so weiter. Die Farben der aufeinander folgenden Strahlen sind blau, gelb, rosa (oder rosé), weiß, grün, lila und gold und violett.

Im Ritual der Durchleitung der Flammen stellt man sich die einzelnen Strahlen nacheinander vor. Dabei ruft man gleichzeitig den göttlichen Quell an, die Flammen als machtvolle Strahlen durch sich hindurch zu leiten. Man sieht sie die vier niederen Körper, die Chakras, die größeren und kleineren Organe und Körpersysteme durchdringen und durch die überbewussten, bewussten, unterbewussten und unbewussten Teile seiner Identität strömen.

Mit diesem Ritual läutert sich der Schüler als Einleitung zu seiner Selbstentleerung. Sein Selbst zu entleeren bedeutet, den begrenzten Raum der Selbsterkenntnis auf den Zustrom der größeren Gottesselbsterkenntnis vorzubereiten, die man Tag für Tag durch dieses Ritual der Hindurchleitung der Flammen allmählich erlangt.

Wenn ihr visualisiert, wie euch die sieben Strahlen durchdringen, solltet ihr ein machtvolles, an den Herrn gerichtetes Fiat erfüllt von tiefer Dankbarkeit und in der Erwartung seiner unmittelbaren Erfüllung anstimmen: »O Herr, erweitere meinen begrenzten Raum!«

Sagt dies immer wieder erfüllt von tiefer Hingabe. Achtet darauf, wie ihr dem göttlichen Quell durch die Liebe, die ihr in die in Worte gefasste Matrix dieses Fiats einfließen lasst, näher und näher kommt. Immer wenn ihr diesen Fiat mit voller Stimme laut aussprecht, erweitert Gott die Fähigkeit eures niederen Selbst, das Höhere Selbst aufzunehmen.

Mit jeder Wiederholung dieses Rituals verstärkt der Schüler das Wirken der Flammen innerhalb der Dimensionen seines »begrenzten Raumes«, bis er eines Tages entdeckt, dass sein begrenzter Raum nun die unendliche Weite seines kosmischen Bewusstseins enthält.

Universelle Symptome der Traurigkeit und Unzufriedenheit: Die fünf Gifte

In jedem Kapitel konzentrieren wir uns auf eine der universellen Krankheiten der Traurigkeit und des menschlichen Elends. Der aufrichtige Sucher nach der Wahrheit wird den größtmöglichen Nutzen aus diesem Kursus ziehen, wenn er sich einen geistigen Leitfaden kreiert, der ihn durch das Befolgen der Lehren der aufgestiegenen Meister zum rechten Verständnis des Selbst führt.

Es ist für ihn zudem hilfreich, sich bewährte Methoden der Überwindung schlechter Angewohnheiten und unerwünschter Eigenschaften, die er dem Selbst hinzugefügt hat, in Erinnerung zu rufen. Indem er das tut, kann er jene Symptome der Unzufriedenheit und des menschlichen Elends abmildern und sogar gänzlich eliminieren, welche die tibetischen Buddhisten als die »fünf Gifte« bezeichnen.

Das Gegenmittel zu den fünf Giften sind die fünf Weisheiten der fünf Dhyani-Buddhas und des Vajrasattva. Die Dhyani-Buddhas sind himmlische Buddhas. Die tibetischen Buddhisten glauben, dass der Adi-Buddha, das höchste Urwesen, die Dhyani-Buddhas durch seine meditative Kraft erschaffen hat.

Die fünf Dhyani-Buddhas und Vajrasattva gelten als große Heiler des Geistes und der Seele. Sie sind keine historischen Gestalten wie Gautama Buddha, sondern transzendente Wesen, die universelle, göttliche Prinzipien oder Kräfte symbolisieren. Sie repräsentieren verschiedene Aspekte des erleuchteten Bewusstseins und sind Führer der geistigen Verwandlung.

Wie man die fünf Gifte eliminiert

Das Tibetische Totenbuch[14] empfiehlt, dass der Schüler über die Dhyani-Buddhas meditiert, damit deren Weisheit die negativen Kräfte, denen er erlaubt hat, ihn innerlich gefangen zu halten, ersetzt.

Vairochanas alldurchdringende Weisheit des Dharmakaya (der Gottes-Gegenwart) ist das Gegenmittel zum Gift der Unwissenheit.

Akshobhyas spiegelgleiche Weisheit ist das Gegenmittel zum Gift des Zorns und des Hasses.

Ratnasambhavas Weisheit der Gleichheit ist das Gegenmittel zum Gift des geistigen, intellektuellen und menschlichen Stolzes.

Amithabas Weisheit der Unterscheidungsfähigkeit ist das Gegenmittel zum Gift der Leidenschaften – aller Begierden, Begehrlichkeiten, Gier und Lust.

Amoghasiddhis alles vollbringende Weisheit, die Weisheit des vollkommenen Wirkens, ist das Gegenmittel zum Gift des Neides und der Eifersucht.

Vajrasattvas Weisheit des diamantenen Willen Gottes ist das Gegenmittel zu den Giften des Nicht-Willens, des Nicht-Seins, der Angst, des Zweifels und des Nicht-Glaubens an Gott.

Jedem Dhyani-Buddha wird ein *Bija*, eine Samen-Silbe, zugeordnet, die seine Essenz repräsentiert. Diese kann gemeinsam mit der heiligen Silbe *Om* und dem Namen des Buddhas benutzt werden, um ein Mantra (eine Abfolge mystischer Silben, die eine esoterische Bedeutung haben) zu erschaffen.

Ihr könnt die folgenden, an die Dhyani-Buddhas gerichteten Mantras wiederholen, um euch mit den göttlichen Eigenschaften, die sie repräsentieren, in Einklang zu bringen und den Segen ihrer transzendenten Kräfte zu empfangen.

Om Vairochana Om
Om Akshobhya Hum
Om Ratnasambhava Tram
Om Amithaba Hrih
Om Amoghasiddhi Ah
Om Vajrasattva Hum

Ihr könnt zur Unschuld zurückkehren

Die Seele, die ernsthaft nach Erkenntnis des Selbst strebt, muss in jenen Zustand der Unschuld zurückkehren, in dem sie sich nicht gegen Heerscharen von Feinden verteidigen muss. Das bedeutet aber nicht, dass wir jene Verteidigungsmechanismen deaktivieren wollen, die sicherlich notwendig sind, um das geistige Leben, die eigene Familie oder seinen Lebensunterhalt zu verteidigen.

Dennoch bitten wir euch, diese während des Studiums unserer Lehren vorübergehend beiseitezulassen, damit euer Bewusstsein von Neuem in jenen glückseligen Zustand eintreten kann, den es kannte, bevor seine Mechanismen durch die Urteile der Menschen verzerrt wurden. Samuel Taylor Coleridge bezeichnete diesen glückseligen Zustand als »jene momentane, bereitwillige Aufgabe des Unglaubens, die den dichterischen Glauben ausmacht«.[15]

Warum haben die Menschen ihre Herzen gegenüber ihren Mitmenschen und ihrem Gott so sehr verschlossen? Unsere Antwort lautet, dass sie es zum Teil deswegen getan haben, weil sie sowohl Verursacher als auch Adressaten dieses selbstzerstörerischen Seinszustandes gewesen sind.

»Karmaprellerei«

Es steht geschrieben, dass der HERR prophezeite, er würde das Herz des Pharaos verhärten, was er auch tat. Der Pharao verschloss daraufhin in seinem Hochmut sein Herz gegenüber Moses und den Kindern Israels. In diesem Fall bürdete der HERR dem Pharao das auf, was dieser dem auserwählten Volk Gottes aufgebürdet hatte. Gott ließ das Karma des Pharao auf ihn zurückfallen, und der Pharao wiederum versuchte, es den Kindern Israels aufzubürden.

Die Reaktion des Pharaos auf das auf ihn selbst zurückgeworfene Karma kann man als »Karmaprellerei« bezeichnen. Aber in seinem Fall ging dieser Versuch gründlich daneben. Gott teilte das Rote Meer, die Israeliten überquerten es, die Streitwagen und Heere des Pharaos verfolgten sie und kamen in den Fluten um, als das Meer über ihnen zusammenschlug.

Wiederum fragen wir, warum manche Menschen ihr Herz verschließen? Für sie gilt das Gesetz des Kreises: Was andere ihnen angetan haben, das tun sie nun anderen an.

Nicht alle Menschen verstehen, dass das wahre Gesetz des Kreises das Gesetz des Karmas ist und dass sie sich über die Begrenzungen ihres Karmas erheben können. Aber manche haben sich – ohne es wirklich zu kennen – dieses Gesetz in ihrer peniblen Anwendung der goldenen Regel zu eigen gemacht. Also behandeln sie andere, wie sie von anderen behandelt werden möchten.

Sie vergeben siebzig Mal sieben Mal[16], gehen stets einen Schritt weiter als nötig wäre, segnen jene, von denen sie verflucht werden, tun jenen Gutes, von denen sie gehasst werden, beten für jene, von denen sie boshaft ausgenutzt und verfolgt werden[17], urteilen nicht, auf dass man nicht über sie urteile[18] und so weiter.

Jene, die in Wort und Tat hart sind, werden gewisslich entdecken, dass das Gesetz des Kreises eines Tages ihre Härte zu ihrer eigenen Schwelle zurückbringen wird. Und wenn dies geschieht, dann sind sie häufig die Ersten, die angesichts des bisschen Karmas, das zu ihnen zurückkehrt, um bewältigt und aufgelöst zu werden, jammern und klagen. Wie der böse Edmund in Shakespeares *König Lear* sagt, wenn sich das Blatt gegen ihn wendet und er von seinem Halbruder Edgar tödlich verwundet wird: »Ganz tat das Rad den Umlauf.«[19]

Verantwortung für die eigenen Handlungen übernehmen

Häufig übernehmen Menschen, die das Gesetz des Kreises, auch Gesetz des Karmas genannt, nicht gelernt haben, nicht die Verantwortung für ihre Handlungen – ganz zu schweigen von der Verantwortung für ihre Gedanken und Gefühle. Sie wollen, dass jemand anders den Preis zahlt. Sie suchen nach einem Sündenbock, der an ihrer Stelle Buße tut.

Sie sagen: »Jesus starb für meine Sünden. Er hat den Preis gezahlt. Ich habe ihn als meinen Erlöser angenommen. Er hat für mich Sühne geleistet. Ich bin jetzt und immerdar von jeder Verantwortung frei.«

Dies ist eine falsche Auslegung der Lehren Jesu. In der Bergpredigt beschreibt Jesus die Konsequenzen, die auf gute wie böse Taten folgen. Er legt die Verantwortung, den Gesetzen Gottes und der Menschen zu gehorchen, direkt auf die Schultern des Individuums – anderenfalls wird dieses seine Schuld bis auf den letzten Heller bezahlen müssen.

Manche Menschen wollen frei von jeglicher Verantwortung sein. Sie halten es für ihr gutes Recht, anderen Schaden zuzufügen – körperlich, emotional, mental oder spirituell. Aufgrund ihres verhärteten Herzens und ihrer Gefühllosigkeit gegenüber dem

Leben lassen sie es nicht zu, dass sie in Kontakt mit ihren eigenen Gefühlen kommen und bleiben. Daher reagieren sie auf andere auch nicht mit Mitgefühl und Verständnis, sondern nur mit Hass und noch mehr Hass.

All dies begann schon früh in diesem Leben oder schon vor vielen vergangenen Leben. Der Vergangene-Leben-Aspekt dieses Dilemmas macht es für viele Menschen schwierig, zum Kern des Selbst vorzudringen, wo sie endlich die eigentliche Ursache ihrer gewaltigen karmischen Last entdecken könnten.

Aber bis dahin sind sie stets in der Lage, große Verachtung für Eigenschaften wie Barmherzigkeit, Gerechtigkeit, Mitgefühl, Güte und besonders Vergebung zum Ausdruck zu bringen, gleichwohl sie wie selbstverständlich erwarten, dass andere ihnen diese Eigenschaften in Zeiten der eigenen Not entgegenbringen. Was sie damit zu erreichen glauben, dass sie ihre eigene Wichtigkeit betonen, indem sie den Selbstrespekt anderer Menschen zerstören, wird wohl immer ihr Geheimnis bleiben.

Im Gegensatz dazu sind die großen Lehrer der Menschheit auf der Erde gewandelt, um den Menschen zu zeigen, wie man lebt, indem sie ihnen sowohl praktische als auch spirituelle Weisheit vermittelt haben. Ihre Anweisungen sind stets sehr einfach gewesen. Sie haben die Menschen gelehrt zu lieben statt zu hassen. Ihre Ermahnungen wurden in den Zehn Geboten sowie den Grundprinzipien aller großen Weltreligionen niedergelegt.

Diese Prinzipien beinhalten den Glauben an ein höchstes Wesen, das sich den Menschen durch Avatare oder große spirituelle Lehrer manifestiert; ferner die Erkenntnis, dass der Mensch erntet, was er sät; eine Aufforderung zu Wahrheit, Ehrlichkeit, Gerechtigkeit und anderen sozialen Tugenden und die dringende Bitte, nicht nur Gott gegenüber demütig zu sein, sondern auch gegenüber dem Gott im Menschen.

Zum größten Teil wurden diese Lehren von denen, die sie hörten, akzeptiert. Aber als die ersten Prüfungen des Gesetzes und des Gesetzgebers über sie kamen, reagierten sie, als wären sie nie in der Rechtschaffenheit Gottes unterwiesen worden. Angestachelt von selbstgerechter Empörung angesichts der banalen Handlungen barbarischer Seelen, gaben sie sowohl die Disziplin als auch das Mitgefühl des Gesetzes und des Gesetzgebers auf und fielen zu primitiven Ansätzen der Problemlösung hinab. Sie schwangen Keulen, stießen Flüche aus und mordeten und verstümmelten, ohne dabei Reue zu empfinden.

Die Reaktionen des modernen Menschen auf seinen angestauten Zorn gegenüber Gott und der Gesellschaft unterscheiden sich nicht groß von den uralten Reaktionen seiner primitiven Vorfahren. Aber heute kann jeder von euch dank der Lehren der aufgestiegenen Meister überlagert von seiner Gottesgegenwart auf der Erde in Würde wandeln. Jeder von euch kann die Gabe der Liebe annehmen und diese besondere Gabe der Barmherzigkeit sowohl geben als auch empfangen, denn alle können daran teilhaben. Ja, alle können sich die seligmachende Einstellung zu eigen machen, Gottes Sein ineinander zu bekräftigen.

Strebt danach, die himmlischen Strukturen nachzuahmen

Die richtige Einstellung ist enorm wichtig. Sie gleicht einem Sieb, durch den der Brei des Lebens gepresst wird. Ich sage euch, was aus dem Sieb herauskommt, wird durch eure Einstellung bestimmt. Was herauskommt ist eure Lebensessenz, die ihr dann in die Matrix der rechten Achtsamkeit oder der falschen Achtsamkeit gießen könnt – wenn ihr es denn wünscht.

Es ist unabdingbar, dass jeder Anhänger der Wahrheit die Narretei erkennt, die darin liegt, dass man sein Leben nach menschlichen Paradigmen strukturiert, die einen einschränken. Man sollte sich stattdessen auf die Richtlinien der großen Strukturen des Gesetzes einlassen, die das Universum untermauern. Und man sollte erkennen, dass diese Strukturen auch in einem selbst existieren.

Ja, es ist wahr: Der Mensch als Mikrokosmos enthält die Struktur des Makrokosmos. Er sollte sein Leben nach den Strukturen ausrichten, die im Himmel vervollkommnet wurden, und danach streben, sie auf der Erde und in seinen vier niederen Körpern nachzuahmen. Denn in diesen vollkommenen Strukturen wird er den Frieden finden, den die Erkenntnis des menschlichen Archetypus zugunsten des göttlichen mit sich bringt.

Dieser Friede tritt ein, wenn er die Hände und Füße von Gottes Gesetz als seinen Erlöser küsst. Denn dieses Gesetz ist in der Tat sein Erlöser, wenn es ihn auf den Weg des ewigen Lebens führt. Gleichermaßen ist dieses Gesetz sein Erlöser, wenn es seinen Verstand vom Abschaum der Finsternis befreit, die sich seiner bemächtigt hat.

Wir wagen es nicht, das Unkraut aus dem Feld des menschlichen Bewusstseins zu reißen, ohne dabei in Betracht zu ziehen, dass wir, wenn wir dies zu früh tun, auch den guten Weizen ausreißen könnten.[20] Es ist hinreichend bekannt, dass die jungen Schösslinge von Unkraut und Weizen einander ähneln. Und so lässt man sie bis zur Ernte Seite an Seite wachsen. Wenn sie aber reif sind und geerntet werden können, dann kann man sie leicht voneinander unterscheiden. Das Unkraut wird eingesammelt und gebündelt, um verbrannt zu werden, und der Weizen wird in den Scheunen gelagert.

Die sicherste Methode, das Unkraut des menschlichen Bewusstseins auszusortieren, bevor es den Weizen des göttlichen Bewusstseins erstickt, besteht darin, die Flammen Gottes zu benutzen. Aber die Menschen begreifen nur selten, was die Flammen eigentlich sind, und wenn wir von ihnen sprechen, sind sie häufig verwirrt.[21]

Wir wollen daher noch einmal wiederholen, dass es eine natürliche Ordnung und ein natürliches Universum gibt und eine geistige Ordnung und ein geistiges Universum. Die Herrlichkeit des Irdischen ist eine Sache und die Herrlichkeit des Himmlischen eine andere.[22] Die Flammen Gottes gehören zur geistigen Ordnung, und diese durchdringt aufgrund der Gnade Gottes die natürliche Ordnung mit der verwandelnden Macht des Heiligen Geistes.[23]

Die Erfahrungen des Schülers, der die Wahrheit genug liebt, um sie herauszufinden, werden ihm helfen zu verstehen, dass die Eigenschaften Gottes der geistigen Ordnung innewohnen. Obwohl diese Eigenschaften die materielle Ordnung durchdringen, entstammen sie ihr nicht. Daher findet der Mensch im rechten Verständnis der Materie in ihrer Beziehung zum Geist seine Erleuchtung.

Sich selbst als geistig-materielles Wesen zu begreifen, heißt, seine Beziehung zu anderen zu verstehen. Die Notwendigkeit, das eigene Bewusstsein zu läutern – sofern es eine eingeschränkte, selbstzentrierte Sichtweise oder Existenz angenommen hat –, heißt, seine eigene Beziehung zum Leben als Ganzes zu verstehen.

Die Aufnahme von Gottes Bewusstsein – so als ob die physische Gestalt, der Geist und das Selbstbewusstsein vollkommen mit der Energie der Schöpfung gesättigt wären – wird im gesamten eigenen Wesen jenen göttlichen Zustand hervorbringen, der so sehr erwünscht ist. Wenn ihr diesen Zustand kultiviert, werdet ihr gestärkt, so dass ihr die negativen Neigungen des Verstandes austreiben könnt. An ihrer Stelle werdet ihr die Freude, die Hoffnung und die Liebe des unbegrenzten Geistes von Gott kennenlernen, der sich auf eure begrenzte Welt herniedersenkt.

Treibt den Feind im Innern aus

Der Christus-Geist ist eure Rüstung, die euch gegen die heimtückischen Kräfte schützt, die auf den unterbewussten und unbewussten Ebenen eures Wesens lauern. Eine andere Bezeichnung für diese Ebenen lautet »elektronischer Gürtel«. Dieser Gürtel reicht von der Taille bis unter die Füße und ist wie eine große Kesselpauke geformt. Er enthält die gesammelten Aufzeichnungen eurer negativen Gedanken, Gefühle, Worte und Taten – also euer negatives Karma.

Wenn der Mensch in Kontakt mit den vitalen Flammen des Bewusstseins des Schöpfers kommt, befördert er sich selbst aus den Beschränkungen seiner Sterblichkeit hinaus und in die geistigen Bereiche seiner Unsterblichkeit hinein. Das tiefe Bedürfnis der Seele aus dem Bereich des Gewöhnlichen in den Bereich des Außergewöhnlichen befördert zu werden, ist gleichbedeutend mit einem an Gott gerichteten inbrünstigen Gebet um ihre Verwandlung. Aber wenn die Seele zudem die Bereitschaft zum Ausdruck bringt, von den Giften aller unerwünschten Eigenschaften befreit zu werden, öffnet sie die Schleusen ihres Geistes dem Licht Gottes, das dann in alle Bereiche ihres Wesens einströmt, um sie von allen negativen Schwingungen zu reinigen.

Unter der Ruhe an der Oberfläche befinden sich Höhlen des Bewusstseins, die in Aufruhr begriffen sein können. Das deutet häufig auf eine Polarisierung des negativen Karmas in der Psyche hin. Dieses Karma, das in jüngeren und älteren Epochen der persönlichen Geschichte erzeugt wurde, ist die zugrunde liegende Ursache der Spaltung des Selbst.

Den inneren Feind durch die Anrufung des heiligen Feuers auszutreiben, ist unbedingt notwendig. Wenn ihr dies tut, wird die Verwandlung stattfinden und die Energien, die ihr in den Matrizen unvollkommener Gedanken und Gefühle eingeschlossen habt, werden freigesetzt.

Der Kausalkörper speichert das positive Karma

Sofort nachdem sich diese Energien aus dem elektronischen Gürtel gelöst haben und von den Flammen Gottes geläutert worden sind, steigen sie in den Kausalkörper auf. Dieser stellt den Körper der ersten Ursache, den Urgrund, dar und ist das Gefäß all des Gott-Guten, das ihr jemals zum Ausdruck gebracht habt.

So wie der elektronische Gürtel die Aufzeichnungen und die verunstaltete Substanz des negativen menschlichen Karmas in sich trägt, so trägt der Kausalkörper die Bürde des Lichts in sich, welches das gesamte positive Karma aufzeichnet. Daher gehört der Kausalkörper zur geistigen Ordnung und zum geistigen Universum, wohingegen die vier niederen Körper und der elektronische Gürtel zur natürlichen Ordnung und zum natürlichen Universum gehören.

Die Herrlichkeit des himmlischen Körpers ist das Mittel, durch das wir den irdischen Körper überwinden und transzendieren.

In den Worten des heiligen Paulus:

»[Der irdische Körper] wird gesät in Unehre, und wird auferstehen in Herrlichkeit. Es wird gesät in Schwachheit, und wird auferstehen in Kraft. Es wird gesät ein natürlicher Leib, und wird auferstehen ein geistlicher Leib. Ist ein natürlicher Leib, so ist auch ein geistlicher Leib. Wie es geschrieben steht: der erste Mensch, Adam, ›ward zu einer lebendigen Seele‹, und der letzte Adam zum Geist, der da lebendig macht.«[24]

Die Sanftmut des Göttlichen ist ein Segen und ein großer Trost für all jene, die von ganzem Herzen an den HERRN glauben und sich nicht auf ihr eigenes Verständnis verlassen.[25] Wenn ihr euren Glauben auf den lebendigen Gott richtet, wird er diesen Glauben mehren und Segnungen ohne Zahl auf euch zurückfallen lassen.

Ihr tätet gut daran, euch an diese Worte aus den Briefen an die Hebräer zu erinnern: »Es ist aber der Glaube eine gewisse Zuversicht des, das man hofft, und ein Nichtzweifeln an dem, das man nicht sieht.«[26] Wenn ihr in eurem Glauben wie die Kinder seid, wird der Glaube euch in eurer Entschlossenheit stärken, Freiheit von der Finsternis zu erlangen, die euer wahres Selbst verbirgt.

Möge Weisheit euch zum Licht führen und das Licht zur Glückseligkeit Gottes.

Siegreich verbleibe ich

Lanto

3

Die Kunst der Selbstfindung

Gott sprach zu Abraham: »Wende dich deinem Selbst zu, erkenne dein Selbst, erfülle dein Selbst.«

Der Sohar[27]

Das Streben nach Selbstfindung wird durch die kleine, ruhige Stimme Gottes ausgelöst, die in den Bereichen des Herzens vernommen werden kann und die Seele dazu drängt, die Mysterien der Schöpfung zu erforschen. Aber diese Stimme wird häufig ignoriert, weil sich der Mensch in den Verstrickungen karmischer Wechselbeziehungen verfangen hat. Der menschliche Intellekt geht unvermeidlich in die Falle der übermäßigen Besorgtheit um die kleinen alltäglichen Dinge des Lebens.

Alle können etwas aus dieser Unterhaltung zwischen einem Rotkehlchen und einem Sperling lernen:

»Sprach das Rotkehlchen zum Spatzen:
›Ich wüsste wirklich gern,
warum die ängstlichen Menschen
herumrennen und sich so sorgen.‹
Sprach der Spatz zum Rotkehlchen:
›Freund, ich glaube, das liegt wohl daran,
dass sie keinen himmlischen Vater haben,
wie der, der für dich und mich sorgt.‹«[28]

Eine narrensichere Methode, der Egozentriertheit zu entfliehen, ist im Prinzip der Nichtverhaftung an das Ergebnis einer Handlung zu finden, das von den Buddhas und Bodhisattvas propagiert wird. Dieses Prinzip wurde auch von Meister Jesus Christus gelehrt, als er sagte: »Wer sein Leben findet, der wird's verlieren; und wer sein Leben verliert um meinetwillen, der wird's finden.«[29]

Wir wollen einen Moment innehalten, um sicherzugehen, dass wir diesen Spruch in seiner ganzen tiefen Bedeutung verstehen, da dies für ein Verständnis der eigenen Psychologie unabdingbar ist. Wenn ein Mensch sein Leben findet, wird er diesem Leben unweigerlich verhaftet sein. Aber es ist eben diese Anhaftung, welche die Kräfte in Bewegung setzt, die schließlich dazu führen, dass er sein Leben verliert. Ich möchte euch, meinen Schülern, nun dieses universelle Gesetz erklären.

Überwindet die Götzenverehrung und gewinnt das ewige Leben

Gottes erstes Gebot, das er Moses gab, lautet: »Du sollst keine anderen Götter neben mir haben.«[30] Wenn wir einen Gott aus uns selbst und unserem Lebensstil machen, sind wir sowohl Götzenanbeter als auch unserem Ego verhaftet.

Und nach und nach wird der Große Gesetzgeber ebenjenes Leben von uns nehmen, dem wir so sehr verhaftet sind. Denn er hat gesagt: »Denn ich, der HERR, dein Gott, bin ein eifriger Gott, der da heimsucht der Väter Missetat an den Kindern bis in das dritte und vierte Glied, die mich hassen; und tue Barmherzigkeit an vielen Tausenden, die mich lieb haben und meine Gebote halten.«[31]

Gott ist euer göttlicher Geliebter. Er sagt: »Ich will alles von euch. Nichts Geringeres wird genügen. Wenn ihr mir alles von euch gebt, gebe ich euch alles von mir. Aber wenn ihr euch an euer getrenntes Selbst klammert – an jenen Teil von euch, der sich von mir abgespalten hat –, und euch selbst zu eurem eigenen Gott erhebt, dann soll in euer Buch des Lebens geschrieben werden, dass ihr den Gott eures Selbst über mich gestellt habt und daher mit euch selbst Götzendienst betreibt. Und so soll euer Karma auf euch zurückfallen und eure Tage auf der Erde sollen gezählt sein.«

»Weiterhin, weil ihr euch nicht an mir festgehalten habt, nehme ich von euch die Gottesidentifizierung, die ich euch gegeben habe. Denn ich habe euch mit einem Selbst ausgestattet, das in meinem Bild und Selbstbild geformt wurde.«[32]

»Wenn ihr daher begehrt, euer Sein in meinem Sein unvergänglich zu machen, müsst ihr euer geringeres Selbst meinem größeren Selbst hingeben. Wenn ihr das tut, werdet ihr das ewige Leben gewinnen. Und so werden jene, die ihr Leben um meinetwillen verlieren, es tatsächlich wieder finden.«

Selbstloses Dienen führt zur höchsten Freiheit

Es ist für Menschen, die noch niemals selbstlos zum Wohlergehen anderer beigetragen haben, schwierig, sich vorzustellen, wie sie ihr alltägliches Gefühl aufgeben sollen, das Leben sei ein ständiger Kampf. Der aufgestiegene Meister Saint Germain sagte einmal: »Es ist immer das Gefühl kämpfen zu müssen, das den Kampf erst entstehen lässt.« Wenn ihr wirklich das Gefühl, kämpfen und euch abplagen zu müssen, überwinden wollt, empfehlen wir, dass ihr euch ganz dem selbstlosen Dienst an anderen verschreibt. Denn dadurch wird die Güte, die ihr verschenkt, nach und nach das Tor zu einem spirituellen Weg der freudvollen Selbstfindung öffnen.

Die Gefahr, die mit diesem anscheinend selbstlosen Dienst verbunden ist, liegt darin, dass er nicht wirklich selbstlos ist, sondern in der Hoffnung geleistet wird, dass andere Menschen gut von euch denken. Der Rabbi Jesus Christus tadelte jene, die vorgaben, selbstlos zu dienen, aber dies in der Öffentlichkeit taten, damit alle es sehen konnten.

> »Habt acht auf eure Almosen, dass ihr die nicht gebet vor den Leuten, dass ihr von ihnen gesehen werdet; ihr habt anders keinen Lohn bei eurem Vater im Himmel. Wenn du Almosen gibst, sollst du nicht lassen vor dir posaunen, wie die Heuchler tun in den Schulen und auf den Gassen, auf dass sie von den Leuten gepriesen werden. Wahrlich ich sage euch: Sie haben ihren Lohn dahin. Wenn du aber Almosen gibst, so lass deine linke Hand nicht wissen, was die rechte tut, auf dass dein Almosen verborgen sei; und dein Vater, der in das Verborgene sieht, wird dir's vergelten öffentlich.«[33]
>
> Der Schlüssel zur Freiheit liegt im Dienen und Suchen. Möge euer Dienen beständig sein und möge eure Suche nicht ein erzwungenes Eindringen in die

Mysterien des Lebens sein, sondern von einer sanften Erwartungshaltung getragen werden, die jeder Entdeckung förderlich ist.

Das analytische Denken entblößt die Seele

Ein Hindernis, dem ihr auf eurer Suche nach dem wahren Selbst begegnen mögt, ist die menschliche Neigung, sich selbst und andere zu analysieren. Das analytische Denken entblößt aber die Seele und zerstört zudem ihr Gewebe. Dieses Gewebe ist so zerbrechlich, dass man es nicht anrühren darf und es vor der Hand des menschlichen Verstandes schützen muss. Das menschliche Selbst zu analysieren, ohne dabei auch die göttliche Komponente des Höheren Selbst in Betracht zu ziehen, ist ein zerstörerischer Versuch, der nur verbrannte Erde hinterlässt, weil er sowohl das Unkraut als auch den Weizen[34] tötet und die nackte Seele ohne Schutz und Trost zurücklässt.

Auch jene, die versuchen, Menschen von ihren religiösen Überzeugungen zu »entprogrammieren«, reißen nicht nur jene Ideen heraus, welche die Entprogrammierer als schädlich betrachten, sondern zerstören das gesamte Gewebe des Kontaktes der Seele mit Gott. Man könnte sagen, der Verstand würde mit Muschelschalen ausgekratzt. Viele, die eine solche Entprogrammierung durchlaufen haben, konnten in diesem Leben ihren Glauben nicht wieder erlangen.

Jesus lehrte: »Aber von den Tagen Johannes des Täufers bis hierher leidet das Himmelreich Gewalt, und die Gewalt tun, die reißen es an sich.«[35] Diese Gewalt war ein direkter Angriff auf das Reich Gottes, das sich in den Personen von Johannes dem Täufer und Jesus Christus manifestierte, und sie wird noch heute gegen die Seelen gerichtet.

Manchmal kommt es in der Therapie vor, dass der Verstand die Gewalt einer Analyse durch einen unsensiblen Therapeuten erleidet. Das aber kann sich als sehr schädlich für eine ahnungslose Seele erweisen. Man kann es damit vergleichen, wie die Soldaten des Pontius Pilatus Jesus seiner Kleider beraubten, bevor sie ihn ans Kreuz nagelten.

Jene, die Verstand, Herz, Seele und Geist anderer Menschen analysieren, ohne gleichzeitig die Pfeiler des Gottesbewusstseins in deren Tempeln zu errichten, fügen der gesamten Menschheit Schaden zu. Diese Art der beschränkten, aufsplitternden Betrachtung der Persönlichkeit lässt die dreifältige Flamme als dem göttlichen Zentrum der Identität völlig außer Acht und damit auch die Gottheit im Innern.

Das Reich Gottes ist das Bewusstsein Gottes

Die innere Bedeutung des Wortes *Reich* ist »Bewusstsein«. Sowohl Johannes der Täufer als auch Jesus Christus verkörperten das Reich als Bewusstsein Gottes. In jenen Tagen waren manche nicht willens, sich Johannes und Jesus zu unterwerfen, auf dass sie von ihnen lernten, um sich Gottes würdig zu erweisen als Arbeiter, die sich nicht zu schämen brauchten und das Wort der Wahrheit rechtmäßig teilten.[36] Sie waren zu stolz, um durch das gerade Tor einzutreten, täglich ihre Prüfungen abzulegen, bis das große Gesetz selbst jedem die göttliche Bestätigung geben würde: »Ei, du frommer und getreuer Knecht, du bist über wenigem getreu gewesen, ich will dich über viel setzen; gehe ein zu deines Herrn Freude!«[37]

Johannes und Jesus erlitten Gewalt, die gegen ihre Person gerichtet war. Als Folge dessen, dass sie diese bezeugten, entschlossen sich viele, ihre Jünger zu werden. Sie waren fest entschlossen, voranzuschreiten und in das Reich, das Bewusstsein Gottes, einzutreten.

Mögen auch unsere Schüler ihre Entschlossenheit bekräftigen, rechtmäßig in das innere Heiligtum des Seins einzutreten. Wir empfehlen, dass ihr durch seelenerfülltes Gebet und tiefe Meditation ein Gefühl der süßen Hingabe an eure kosmische Bestimmung entwickelt, so weit diese euch betrifft – auch wenn euch diese Bestimmung nicht bekannt ist.

Glaubt an die Universalität Gottes

Die größten Meister – aufgestiegene wie nicht-aufgestiegene – haben letztlich durch ihren unerschütterlichen Glauben an die Konstanz des kosmischen Gesetzes die Wirklichkeit errungen. Nicht einer hat jemals die Wirklichkeit allein durch den Intellekt oder durch das Erforschen des Unterbewusstseins gewonnen. Zudem haben sie bewiesen, dass man das Gute nicht entdecken kann, wenn man das Böse erforscht.

Nur durch den Glauben an die Universalität der Vaterschaft Gottes – und dem Gefühl, von der Mutterschaft Gottes genährt zu sein – kann man sich der göttlichen Sohnesschaft durch die Leben spendenden Energien des universellen Christus annähern. Und so wird die Seele von der Milch und nach und nach auch vom Fleisch des lebenden Wortes genährt.

Die Menschheit hat in größerem oder geringerem Ausmaß den göttlichen Auftrag ignoriert, der ihnen von den großen Manus, den Gesetzgebern, übermittelt worden ist, welche die Rassen und Religionen der Welt begründeten. Was für ein Jammer! Denn wenn man die Richtlinien der heiligen Schriften aus Ost und West ignoriert, bleiben einem nur die welken Blätter des Säkularismus, der Sophisterei und einer Wissenschaft ohne Gott übrig.

Wo kein Gott ist, da setzt sich der Mensch auf den Thron der Göttlichkeit. Daher schweifen heute auf der Erde so viele von Menschen erschaffene Götter herum. Dies wirkt aber auf die Seele und ihr Streben nach Gott zerstörerisch.

Die Wirklichkeit meidet den Dualismus

Die höchste Wahrheit, die der Mensch entdecken kann, ist die Wirklichkeit. Denn wenn er weiß, dass er real ist, weil er den Saum des Gewandes der Realität berührt hat, lässt er die Bezeugungen der menschlichen Sinne hinter sich. In Wirklichkeit besteht keine Notwendigkeit, die ständigen Wahrnehmungen, diese Momentaufnahmen der fünf Sinne, irgendwie zu klassifizieren und zu bewerten. Der Mensch muss nur in das Reich der geistigen Sinne eintreten, um sich selbst als letztendlich real zu erfahren.

Diese Wirklichkeit meidet jeden Dualismus. Nur Gott ist wirklich, und Gott und der Mensch sind eins, nicht zwei. Der Mensch erkennt sich selbst als Fortsatz Gottes auf Erden, als seine Hände und Füße. Er ist aus Gott hervorgegangen, und Gott ist sowohl mit ihm als auch in ihm. Daher ist er, der Erschaffene, nicht allein, sondern in alle Ewigkeit eins mit seinem Schöpfer, dem Nicht-Erschaffenen.

Unbehindert durch das dualistische Denken und Fühlen gibt sich der Mensch ganz einer geistigen Bewusstseinserweiterung hin, die so gewaltig ist, dass er mit dem eigentlichen Kern der Realität in der Großen Zentralsonne verschmilzt. Letzten Endes wird Gott im Menschen erhöht, und der Mensch wird in Gott erhöht. Dies ist die höchste Wirklichkeit.

Gott lehrt den Menschen in einem Augenblick mehr, als dieser in Tausenden von Jahren dadurch lernen könnte, dass er die Ruinen eines versunkenen Kontinents oder einer untergegangenen Zivilisation durchforstet. Gott ist der Schöpfer, und er unterweist den Menschen, wenn dieser zum Schüler seiner schöpferischen Kultur wird.

Der Mensch muss wissen, was zu tun ist und wie er es tun soll. Würde er das »Was« und »Wie« seiner Existenz kennen, müsste er in eine lebendige Beziehung zum Gott seines Wesens eintreten. Diese Beziehung wird durch bedingungslose Hingabe an die Gegenwart Gottes geschmiedet.

Ohne eine solche Hingabe wird der Mensch niemals fähig sein, anderen die höheren Lehren zu übermitteln. Er wird weder durch das gesprochene noch das geschriebene Wort in der Lage sein, anderen zu zeigen, wie die Seele in das Format und die Weisheit Gottes hineinwachsen kann. Er wird der Seele nicht zeigen können, wie sie ihre eigenen Schwingen ausbilden kann, die sie zur Sonne emportragen werden.

Der Heilige Geist wird euch unterweisen

Wir sorgen uns um die Entwicklung des Menschen und ganz besonders um die Integration – oder eben deren Fehlen – seiner ihm von Gott gegebenen Intelligenz. Mögen jene, die ihren Lernprozess beschleunigen und ihre Lernmethoden verbessern möchten, wissen, dass ihr ergebener Lehrer auf diesem gewaltigen Gebiet der Maha Chohan selbst ist, der Repräsentant des Heiligen Geistes.

Sein Refugium in der ätherischen Oktave (der Himmelswelt) über Sri Lanka vibriert aufgrund der dortigen intensiven Aktivitäten. Aufgestiegene wie nicht-aufgestiegene Schüler arbeiten – man könnte sagen – fieberhaft, während sie sich darauf freuen, fortgeschrittene Lernmethoden in das höhere Bewusstsein des Menschen freizugeben.

Engel-Lehrer bereiten sich darauf vor, mit eifrigen Seelen durch deren Heiliges Christus-Selbst zusammenzuarbeiten. Diese Lehrer werden ihnen zeigen, wie man die unbegrenzte Intelligenz des Geistes Gottes anzapft. Sie werden ihnen zeigen, wie man sowohl den Gedächtnisspeicher anzapft, der im Kausalkörper eingeschlossen ist, als auch die Dynamik der menschlichen Errungenschaften aus vergangenen Inkarnationen. Diese Schätze, die für jeden Lebensfluss einzigartig sind, werden eines Tages mit den Schlüsseln, die in der Hand des Heiligen Christus-Selbst liegen, aufgeschlossen werden.

Wahre Erziehung bedeutet Selbstfindung

Wenn wir die wahre Erziehung des Geistes und seine Anwendung im Rahmen moderner Lehrmethoden fördern, so haben wir dabei nicht die Absicht, die pädagogischen Systeme der Welt oder die Avantgarde im Bereich höherer Erziehung herabzusetzen. Unser Ziel besteht darin, der Menschheit säkulares wie spirituelles Wissen zu übermitteln, das es ihr gestatten wird, die Kunst der Selbstfindung wertschätzen zu lernen. Aber wenn das System zum Selbstzweck wird statt Mittel zum Zweck, dann sind wir besorgt.

Der Makrokosmos Gottes spiegelt im Mikrokosmos des Menschen die Realität des Selbst in seiner höchsten Form wider. Wenn ein Mensch sich der Widerspiegelung Gottes in seinem Innern gewahr wird, wird er augenblicklich verwandelt – im Handumdrehen. Er entdeckt den Grund seines Daseins.

Er muss dann das Bild und Ebenbild Gottes auf seine eigene Seele und innere Vision projizieren, damit die Strukturen des Himmels auf der Erde durch ihn gespiegelt werden können. Dann muss er das Bild und Ebenbild Gottes auf alle projizieren, denen er begegnet.

Er erkennt die Vervielfachung der Gegenwart Gottes eine nach der anderen in jeder lebenden Seele. Und er begreift das Gesetz des Einen: »Höre, Israel, der HERR, unser Gott, ist ein einiger HERR.«[38] Er sieht die Überseele und versteht, dass der eine Gott sich selbst in jedem seiner Söhne und in jeder seiner Töchter personalisiert hat.

In tiefer Demut kniet er vor der ungespeisten Flamme, die Gott auf den Altar eines jeden Herzens gestellt hat. Er entdeckt, dass seine Unsterblichkeit das Geschenk Gottes an ihn ist. Er gelobt, dass er den

Gott im Innern lieben, ehren und ihm gehorchen wird, bis er im Ritual des Aufstiegs der Seele zu Gott aufgeht und diesen niemals mehr verlässt. Er sinnt über das Mysterium seiner All-Einheit in Gott nach, und er weiß, dass er immer auf der Schwelle zu einer noch größeren Entdeckung steht. Dies ist die Selbst-Transzendenz, wie Gott sie will.

Wo kann der aufrichtige Schüler der Wahrheit heute den Kontakt zu den aufgestiegenen Meistern und ihren Lehren herstellen? Wie kann er in Kontakt mit den aufgestiegenen Meistern Jesus Christus, Laozi, Zarathustra oder Gautama Buddha treten, damit er auf dieselbe Weise unterwiesen wird wie ihre Schüler unterwiesen wurden? Wer wird ihm jene Mysterien vermitteln, die diese Meister ihren Schülern im Geheimen mitteilten?

Nur weil manche mehrere Leben lang gewartet haben, um mit den Lehrern der Wahrheit in Kontakt zu treten und zu ihren Füßen zu sitzen, bedeutet das nicht, dass ihr nicht sofort damit anfangen solltet. Eure Teilnahme am Projekt der Selbstfindung ist die größte Versicherung dafür, dass ihr einen Schlüssel zur Realität erhalten und den direkten Kontakt zu den aufgestiegenen Meistern herstellen werdet.

Der Schatz des wahren Seins

Der Mensch muss sein Leben auf dem Felsen der Realität aufbauen. Und dieser Fels ist der Universelle Christus. Es scheint uns, als sei die Menschheit durch die Nebel der Ewigkeit geirrt und auf den Landmassen der Erde hin und her gewandert. Diese sind emporgestiegen und wieder untergegangen, sie haben den Planeten für den Homo sapiens neu gestaltet und immer wieder umgestaltet. Und auch diese Evolution ist in Zivilisationen aufgestiegen und untergegangen, die den hohen wissenschaftlichen Entwicklungsstand der verlorenen Kontinente Atlantis und Lemuria erreicht hatten.

Aber trotz all der glorreichen und schändlichen Zeiten, der Höhen und Tiefen, während derer die Menschheit die DNS-Kette hinauf und hinab gestiegen ist, zeigt die Dummheit und Verderbtheit der heutigen, extrem materialistisch orientierten Zivilisationen, dass die Menschheit Gott nicht näher ist als sie es in prähistorischer Zeit war. Im Lauf der Jahrhunderte haben sich die Sitten zum Höheren entwickelt und sind wieder verfallen oder die sittliche Entwicklung ist sogar ganz zum Stillstand gekommen, weil die Begierden des Fleisches die Söhne und Töchter Gottes ihres unsterblichen Geburtsrechtes beraubt haben.

Jedes Kind von Gottes Herzen muss herausfinden, wer es ist. Um dazu fähig zu sein, muss es seinen eigenen innewohnenden Wert erkennen. Es muss einschätzen, welche Bedeutung es dem spirituellen Weg, seiner Beziehung zu Gott, dem Heiligen Geist und dem Sohn Gottes in seinem Herzen beimessen will. Und es muss seine persönlichen Erfolge anerkennen: seine mentale Erkenntnisfähigkeit, seine physische Kraft, seine Tugenden und Werte, seine Talente und seine Errungenschaften.

Diese strahlenden Fäden des Selbstseins leiten die elektrischen Ströme der ICH-BIN-Gegenwart zu all jenen, die bereit sind sie zu empfangen. Sie gleichen farbigen Kirchenfenstern, durch die das wie in einem Prisma gebrochene Licht der Realität scheinen kann.

Wenn dieses Licht scheint, trägt es die Kraft der Transmutation in den Verstand, das Herz, die Seele und den Geist eines jeden Menschen, den es berührt. Es deckt noch die verborgensten Winkel des Seins auf. Es glättet die Anomalien des Lebens. Es bringt die Seele des Lichts dazu, sich mit der Bruderschaft des Lichts zu verbinden. Es zeigt ihr eine neue Art der rechten Achtsamkeit. Es läutert, bereinigt und erhebt ihr Bewusstsein. Es wird zur Freude ihres Universums, zum Gipfel ihres Glückes, denn dieses Licht ist der Jubel der Götter.

Dieses Licht ist der allerschönste Kontakt mit der Realität, der das eigene Wesen von den alten Giften befreit und es nach dem Augenblick der Läuterung mit einem ewigen Schatz füllt: mit dem Schatz seines wahren Seins.

Die Gnade der Selbsterkenntnis

Das Darjeeling-Konzil hat Kuthumi, Lanto und mich, Meru, dazu bestimmt, euch in der Kunst der Selbstfindung zu unterweisen. Wir halten von Anfang an fest, dass dieser Kursus ein von Gott und seinen aufgestiegenen Söhnen und Töchtern offenbarter ist. Um den größtmöglichen Nutzen daraus zu ziehen, müsst ihr ihn in seiner ganzen Tiefe studieren und das Gelernte auf den vielen Bewusstseinsebenen verinnerlichen.

Die Große Weiße Bruderschaft hat sich seit Langem gewünscht, bestimmten Schlüsselindividuen dabei zu helfen, sich selbst im Kontext einer höheren Realität, als sie bewusst wahrnehmen können, zu erkennen. Diese Individuen sind reife Seelen, die für ebendiesen Kursus reif sind.

Wir werden die verschiedenen Aspekte des großen Gesetzes vom Einfachen zum Komplexen behandeln.

Wir werden Einsichten in und neue Annäherungsmöglichkeiten an die uralten Rätsel von Leben und Tod, von Diesseits und Jenseits ermöglichen, damit jedes hungrige Herz mit dem Manna spiritueller Erkenntnis erfüllt werden kann.

Niemals zuvor in der Geschichte des Planeten Erde haben die Dunklen ein ganzes Zeitalter bis an den Rand einer derart massiven Zerstörung geführt, wie sie sie beabsichtigt haben und zu der sie in diesem Jahrhundert fähig sind. Gleichwohl gilt: Niemals zuvor waren die Söhne und Töchter Gottes erfüllt von einer solchen inneren Freude in das Gesetz Gottes mit seinen erhebenden Möglichkeiten, die jenen unbeugsamen Willen anziehen, der aus Sterblichen unsterbliche Adepten macht.

Findet den Zugang zum Licht des Universellen Christus

Wieder einmal müssen verkörperte Götter auf der Erde wandeln. Dies ist kein Frevel, sondern die Erfüllung von Gottes Traum für alle seine Söhne und Töchter.

Tapfere Seelen, die den Mut aufgebracht haben, ihr wahres Selbst zu sein und dieses Selbst auf dem Altar Gottes darzubringen, werden hervortreten und ihre rechtmäßige Rolle als Führer auf allen Gebieten wahrnehmen. Sie werden nicht nur die Vision, sondern auch die notwendige Unterstützung der Großen Weißen Bruderschaft haben. Sie werden eine universelle Bruderschaft und Schwesternschaft ins Leben rufen, die alle Menschen als Brüder und Schwestern betrachten wird, als Kinder des einen Vater-Mutter-Gottes.

Sie werden sich selbst verstehen und daher so klug wie die Schlangen und harmlos wie die Tauben sein.[39] Sie können und werden die schändlichen Komplotte der gefallenen Engel und Außerirdischen durchkreuzen, die – wenn sie es denn könnten – die Erde und ihre Bewohner der Sonnenkraft, das heißt der »Seelenkraft«, der Realität Gottes berauben würden.

»Wir haben seinen Stern aufgehen sehen.«[40] Dies ist der Stern des Universellen Christus-Bewusstseins, das sich alle Diener Gottes in Welten ohne Ende zu eigen machen können. Das Licht von diesem Stern muss in die Welt hinaus strahlen, und es muss das offenbaren, was vor der Menschheit verborgen war, weil sie bisher noch nicht bereit war, es zu empfangen. Das Licht von jenem Stern muss die Finsternis der langen Nacht des selbst auferlegten Leidens der Menschheit zerstreuen.

Ja, liebe Leser, das Licht, das von diesem Stern ausgeht, wird die Finsternis auf ewig bannen. Es wird keine Nacht mehr geben und auch kein umnachtetes Verständnis, sondern nur noch den ewigen Tag. In diesem werden die Auserwählten Gottes im Firmament von Gottes universellem Sein scheinen.

Fürchtet euch nicht, ihr kleinen Kinder, denn es ist eures Vaters Wohlgefallen, euch das Reich zu geben.[41] Und wenn der Universelle Christus erscheint, werden wir ihm gleich sein, denn wir werden ihn sehen, wie er ist.[42]

Ich bin in tiefstem Frieden

Meru

4

»Mensch, erkenne dich selbst«

Eure eigene Selbstverwirklichung ist der größte Dienst, den ihr der Welt erweisen könnt.

Sri Ramana Maharshi[43]

Ein kleines Kind wird geboren. Sein Leben beginnt mit Hoffnung und Wertschätzung. Woraus besteht es? Aus Ideen? Wessen Ideen? Gottes Ideen? Die seiner Eltern? Seinen eigenen? Denen der Welt?

Aus einer ganzen Ideenpalette von Himmel und Erde, wird die Seele in ihr farbiges Gewand gekleidet. Und die Persönlichkeit betritt die Bühne des Lebens.

»Was ist der Mensch, dass du seiner gedenkst, und
das Menschenkind, dass du sich seiner annimmst?

Du hast ihn wenig niedriger gemacht denn Gott,
und mit Ehre und Schmuck hast du ihn gekrönt.
Du hast ihn zum Herrn gemacht über deiner
Hände Werk; alles hast du unter seine Füße
getan:
Schafe und Ochsen allzumal, dazu auch die wilden
Tiere,
die Vögel unter dem Himmel und die Fische im
Meer und was im Meer geht.
HERR, unser Herrscher, wie herrlich ist dein Name
in allen Landen!«[44]

Der Mensch hat viele Herren, obwohl der Gott der Götter mit donnernder Stimme verkündet hatte: »Du sollst keine anderen Götter neben mir haben.«[45] Die Götter der Menschen sind die Beherrscher der Tiefen, die in seinem unbewussten Geist leben und gedeihen. Sie spielen mit ihm Verstecken, während er sie widerspiegelt und glaubt, sie seien er selbst – so wie er sich selbst auch als Halbgott sieht. Der Mensch hat ihr Eindringen in seine Psyche zugelassen, und nun muss er dem ein Ende setzen. Er muss sie aus seinem Haus vertreiben, denn sonst werden seine Götter ihn gewaltsam aus seinem Haus vertreiben.

Kurz gesagt: Der Mensch ist der Sklave all seiner Götter. Sie haben sich in seinem Wesen häuslich niedergelassen und aufgrund der Vertrautheit mit ihnen ist er zu einem willfährigen Gefangenen in seinen eigenen vier Wänden geworden. Tatsächlich ist der Einfluss der Götter des Menschen sowohl sehr subtil als auch ganz offensichtlich. Wenn zum Beispiel die karmischen Aufzeichnungen nicht gutartig sind, werden sie zu einer gegen den Menschen gerichteten Kraft, zu einem drohenden Gott, mit dem gerechnet werden muss. Der Mensch sät, also muss er auch ernten.[46]

Lernt, mit eurem Karma umzugehen

Die Herren des Karmas streben für die Menschheit die bestmögliche Lösung einer jeden Karma-nivellierenden Erfahrung an. Doch manchmal – und scheinbar ohne jeden Sinn – können die Hammerschläge des sogenannten Schicksals (die in Wirklichkeit die praktischen Auswirkungen des kosmischen Gesetzes sind) Seelen, die danach streben sich zu erheben, in tiefes Elend stürzen. Dann ertönt der Schrei »Warum?«, aber was wirklich nötig ist, ist eine objektive Betrachtungsweise des Selbst.

Der Suchende nach seiner eigenen Realität muss das äußere Selbst ebenso wie die Seele mit Abstand betrachten, damit er das Drama seiner Existenz objektiv analysieren kann. Er darf nicht zulassen, dass sein negatives Karma zu seinem Herren wird. Er muss lernen, mit seinem Karma umzugehen, indem er sich selbst verstehen lernt.

Es ist offensichtlich, dass es Karma gibt, denn Karma ist der Hauptfaktor, der den Verlauf eines Lebens bestimmt. Der Mensch kann ihm nicht rechts oder links ausweichen oder darüber oder darunter gleiten – zumindest nicht ganz. Er kann sein Karma vorübergehend vermeiden, aber nur über einen gewissen Zeitraum. Letzten Endes wird der Knüppel des Gesetzes auf ihn herniederfahren, und er wird seine Schuld bis auf den letzten Heller begleichen müssen, denn der Mensch hat sein Karma erzeugt, und nur er kann es wieder begleichen.

Wir wollen nun zum Thema des karmischen Gottes in seinen negativen Aspekten zurückkehren und darauf hinweisen, dass man lernen muss mit dem zu leben, was man nicht ändern kann. Und es ist wichtig, sich daran zu erinnern, dass das Eingreifen der göttlichen Gnade durch die Anrufung der Mutter der Barmherzigkeit immer eine Möglichkeit für jene Seelen ist, die wahrhaft der Sache ihrer eigenen Befreiung dienen wollen. Dadurch können sie aus den Verstrickungen ihres Karmas befreit werden.

Gott ist immer bereit und willens zu helfen. Jesus' eindrückliche Worte, die er an Saulus von Tarsus richtete: »Es wird dir schwer werden, wider den Stachel zu lecken«[47], offenbaren, dass die Gebote der lebendigen Wahrheit schwer verständlich erscheinen und ihr Weg schwer, wenn sie sich zum ersten Mal im Bereich des menschlichen Bewusstseins zeigen.

Beherrsche dich selbst

Nun wollen wir über den Aufbau eines Widerstandes gegen die negativen Kräfte innerhalb des Selbst sprechen – und zwar sowohl in der Gesellschaft als auch in der Welt des Individuums. Wir wollen auch über das Verlangen des Menschen sprechen, andere zu kontrollieren, über sein Verlangen, jene, die ihm am nächsten stehen, zu kontrollieren, und über seinen Willen, jene zu beherrschen, die sich nicht von ihm beherrschen lassen wollen. Wir erinnern euch noch einmal daran, dass es viele Götter und viele Herren gibt[48], dass aber der Mensch, der sich wirklich verstehen will, keinem von ihnen untertan sein darf.

Der Mensch ist geboren, um zu herrschen, aber zuerst muss er sich selbst beherrschen. Wie der Verfasser des Buches der Sprüche Salomo schrieb: »Besser ein Langmütiger als ein Kriegsheld, besser, wer sich selbst beherrscht, als wer Städte erobert.«[49]

Der Mensch muss seine Begierden kontrollieren und die Muskeln der Selbstkontrolle spielen lassen. Wenn er dies nicht tun kann, indem er sich an seinem eigenen Schopf aus dem Sumpfe zieht, hat er das Recht, um die Intervention des Himmels zu bitten. Der Mensch ist nicht allein. Er ist eine Einheit in der Vielfalt, die wiederum in einer noch größeren Einheit gehalten wird.

Es ist wahr, dass alle negativen Kräfte des Universums gegen das Leben des göttlichen Menschenkindes gerichtet zu sein scheinen, das aus dem Schoß der Göttlichen Mutter geboren wird. Es scheint, als ob die Tyrannen der Welt ihre Soldaten aussenden, um die heiligen Unschuldigen hinzumeucheln, die aus dem engen Bereich der Personalität hervortreten wollen.

Die Seele darf nicht zulassen, dass sie von ihrem Kampf gegen ihr Karma überwältigt wird. Auch darf sie nicht zulassen, dass sie verbittert und in die Wildnis der Selbstbezogenheit getrieben wird.

Die von den Schmerzen des Minderwertigkeitsgefühls ergriffene Seele strebt danach, sich selbst und die Welt zu geißeln. Sie schlägt nach ihren vermeintlichen Feinden, die in Wirklichkeit ihre karmischen Herren und die Gegner ihrer Existenz sind, und versucht vergeblich, sie auf irdische Weise zu überwinden.

Wir erinnern auch an die Worte des Predigers Salomo: »Ich sah an alles Tun, das unter der Sonne geschieht; und siehe, es war alles eitel und Haschen nach dem Wind. Krumm kann nicht schlicht werden noch, was fehlt, gezählt werden.«[50] Aber eine derartige Vergeblichkeit und Nichtigkeit kann nicht der Sinn des Lebens sein. Der Mensch muss sich wahrhaft selbst erkennen – nicht als karmische Aufzeichnung, sondern als göttliches Wesen.

Stürzt den Gott der Gegnerschaft vom Thron

Wir kommen nun zum Gott der Unterwelt, der allen Dienern der Wahrheit als Gott der Gegnerschaft bekannt ist. Die Welt scheint schon in sich selbst den Samen der Gegnerschaft gegen das Erringen eines jeden Guten zu enthalten.

Alle, die Gott zustreben, sind mit dieser Gegnerschaft konfrontiert, und manchmal fragen wir uns, ob der Gott der Gegnerschaft nicht in Wahrheit der Stachel im Fleisch ist, der ebenjene Stärke im Menschen hervorbringt, aufgrund derer er sein Ziel erreicht. Und wenn der Götze nur grob gehauen ist, dann stellt euren Fuß darauf, um höher hinauf zu steigen.

In diesem Licht erinnern wir daran, dass der Mensch nicht zulassen darf, dass er sich dieser überwältigenden Angst vor dem Gott der Gegnerschaft dieser Welt unterwirft. Der Mensch muss die ihn überragenden Götter der Unterwelt von ihren Thronen stürzen und zwar nicht durch menschliche Vernunft, sondern durch heilige Vernunft und durch eine geläuterte Intelligenz, die eins ist mit dem Geiste Gottes.

Meidet das Verlangen, andere zu kontrollieren

Und was ist mit dem Verlangen, andere zu beherrschen und zu kontrollieren? Ihr müsst dieses Verlangen als eine der gefährlichsten Krankheiten des menschlichen Egos erkennen – und es meiden.

Nur auf den Schwingen des wahren Selbstseins könnt ihr tatsächlich Gottes Wunsch für euch verwirklichen. Wenn ihr dies tut, werdet ihr zu einer Kraft des positiven Beispiels im Universum werden, dem alle folgen können.

Wie der Meister Jesus so liebevoll sagte: »Wahrlich, wahrlich ich sage euch: Wer an mich glaubt, der wird die Werke auch tun, die ich tue, und wird größere als diese tun; denn ich gehe zum Vater.«[51]

Wenn sich die Seele auf das Niveau ihres Heiligen Christus-Selbst erhebt und dann auf das Niveau ihrer ICH-BIN-Gegenwart, wird sie zu einer Leuchte, die den Weg erhellt, damit andere dem Stern des Erscheinens des Christus in sich selbst folgen können. Sie öffnet ihnen die Augen, damit sie seinen Stern sehen, sein Stern sind, sein Licht aufnehmen, von seinem Licht erfüllt sind, zu seinem Licht werden, den Christus verherrlichen und in ihm verherrlicht werden. Damit die aufsteigende Seele ein solcher Mittler sein kann, muss sie ganz von ihrer Gott-Kontrolle erfüllt sein, die das Gute in allem Leben hervorbringt und ihre Gefährten auf den geraden, schmalen Weg der Selbstmeisterung führt.

Entdeckt und verherrlicht den Gott in euch

Wie sehr der Mensch doch an der Schwelle der Selbstzerstörung erbebt! Und wie er gleichzeitig an der Schwelle der Selbstverherrlichung erbebt! Der Mensch muss sich täglich entscheiden, ob er sich selbst zerstören oder selbst verherrlichen und ob er den Gott in sich zerstören oder verherrlichen will.

So oder so, es ist das äußere Selbst, das erbebt, nicht der Gott im Innern. Der Apostel Jakobus sagte: »Du glaubst, dass ein einiger Gott ist? Du tust wohl daran; die Teufel glauben's auch und zittern.«[52] Aber der Mensch ist kein Teufel.[53] Er wurde als etwas geringer als die Engel erschaffen und wenn er als Überwinder anerkannt wird, dann wird er mit größerer Herrlichkeit und Ehre gekrönt werden, als Gott sie den Engeln gewährt hat.[54]

Die kleinen Kinder Gottes müssen lernen, sich nicht zu fürchten, denn die Stufen zur universellen Verwirklichung offenbaren sich vollkommen natürlich im Bereich des inneren Selbst. Daher ist es an der Zeit, dass der Mensch sein inneres Selbst entdeckt. Wenn ein Mensch sein Leben im Dienste des Christus verliert, so wird er es im Dienste des Christus wieder gewinnen.[55] Dies ist die ewige Wahrheit, die nicht geleugnet werden kann.

Der Mensch ist nicht die kleine Person, die er zu sein scheint. Er ist die große Person (der pure Sohn), zu der Gott ihn gemacht hat. Aber er muss die Hülle des Staubes und der Erniedrigung des menschlichen Bewusstseins durch die reinigende Kraft des heiligen Feuers des Heiligen Geistes – der violetten Flamme – beseitigen und sie mit dem Wasser des lebendigen Wortes hinwegwaschen[56], das die Wirklichkeit aller Dinge wiederherstellt. Dann muss er auf der Altarplatte des inneren Selbst die Zitadelle der Vollkommenheit wieder aufrichten, die einstmals auf dem Fundament jenes heiligen Steines stand.

Bei seiner Suche nach dem Wirklichen in sich selbst kann der Mensch auch das Nicht-Wirkliche in sich selbst erforschen. Aber wenn er lediglich das versteht, was nicht wirklich ist, dann wird er nicht notwendigerweise das erkennen können, was wirklich ist. Gott scheint für einige Menschen weit weg zu sein, aber wenn sie sich ihm nähern und er sich ihnen nähert, durchströmt der Trost des Heiligen Geistes die Seele und überflutet sie mit der Freude der Selbstfindung.

Gottes Wirklichkeit ist eure Identität

Die Religion ist den Menschen als Allheilmittel für alle Übel angepriesen worden. Aber eine formelle Religion ist nicht die Antwort. Nur die Wirklichkeit Gottes, die den Menschen ursprünglich in Unschuld kleidete, kann die Antwort sein.

Diese Reinheit ist der Quell der menschlichen Identität. Daher schrieb Paulus an die Kolosser: »Lüget nicht untereinander; zieht den alten Menschen mit seinen Werken aus und ziehet den neuen an, der da erneuert wird zur Erkenntnis nach dem Ebenbilde des, der ihn geschaffen hat.«[57]

Die Wirklichkeit dieses Gottes, der in seiner Schöpfung lebt, zu entdecken, ist keine Frage der Philosophie oder einer Sekte, es ist weit mehr als das. Es ist die lebende Verwirklichung der Wahrheit und des Seins, die sich weigert, den Muff der Selbstgefälligkeit, der Verdorbenheit und des Todes zu akzeptieren. Gottes Wirklichkeit ist das innere Selbst, das erkennt, dass der Tod der letzte Feind ist, der gemeinsam mit all den geringeren Feinden überwunden werden muss[58], die versuchen, das Menschsein Stück für Stück zu verschlingen.

Die Feinde des wahren Selbst

Die falschen Gefühle der Wirklichkeit müssen verschwinden. Die Seele muss sie nicht nur als das erkennen, was sie sind – Feinde des wahren Selbst –, sie muss sie auch überwinden. Diese Feinde spiegeln sowohl das äußere wie das innere Leben der Seele wider. Sie liegen auf der Lauer, um die Seele zu versuchen und sie dazu zu bringen, ihre Substanz im ungezügelten Leben zu verschwenden. Wie Termiten bohren sie Löcher in das Gewebe ihres Seins, um ihr die Lebenskraft auszusaugen.

Das äußere Selbst zieht Zwietracht an, weil es bereits die Vernunft vom Thron gestürzt hat. Als die jämmerliche Kreatur, die er ist, sitzt der Mensch seine Zeit im Gefängnis der Erde in der Zelle seines Karmas ab und weiß überhaupt nichts von seinem großen Auftrag. Aber sollte er sich aufgrund seines freien Willens entscheiden, zur Zitadelle der göttlichen Vernunft zurückzukehren, während er den Prozess der Wiederentdeckung sowohl seines äußeren als auch seines inneren Selbst beginnt, wird ein Großteil des Gefühls der Plackerei und Mühsal verschwinden. Er wird seine Erfahrungen als das Umschlagen der Seiten eines großen Buches sehen, auf denen nicht nur die wahre Wirklichkeit beschrieben wird, sondern auch die gesamte bekannte Realität des materiellen Universums, darunter auch die Feinheiten seiner eigenen Seele.

Erheben muss er sich. Aber die Antworten auf die Fragen nach dem Wie, dem Warum, dem Wenn und Wo stellen sich nicht zu seiner Zufriedenheit ein. Der große universelle Magnet zieht die Seele an, die mit dem Leichentuch der menschlichen Persönlichkeit bekleidet in Ruhestellung verharren will.

Die Seele hungert danach, das wahre Gefühl der Wirklichkeit zu erfahren, von der sie weiß, dass sie irgendwo existiert. Ihr unterschwelliger Glaube an die Wirklichkeit, die sich in der Majestät des Gottes im Innern widerspiegelt, verspricht ihr, dass es ein schöneres und besseres Morgen geben wird und vor allem die Verheißung des ewigen Lebens.

Wahrlich! Die Mahnung: »Mensch, erkenne dich selbst«[59] führt ihn aufwärts und vorwärts in das ewig strahlende Licht.

Ich bin strahlend euer älterer Bruder

Kuthumi

5

Die Identifizierung mit dem wahren Selbst

Geh nicht in den Garten der Blumen! Freund, geh nicht dorthin: In deinem Körper ist der Garten der Blumen. Nimm deinen Sitz auf den tausend Blütenblättern des Lotus ein und schaue dort unbegrenzte Schönheit.

Kabir[60]

Jeder von euch kann diese Frage beantworten: »Was war zuerst da? Das Huhn oder das Ei?« Oder? Vielleicht sollte man einen Moment lang innehalten, bevor man eine scheinbar so eindeutige Frage beantwortet.

Tatsächlich stellt sich die Frage: »Was war zuerst da? Der Schöpfer oder die Schöpfung? Geist oder Materie? Gott oder Mensch? Das Huhn oder das Ei?«

Denkt einen Augenblick darüber nach, wie eure Antwort lauten soll. Denn sie wird euch möglicherweise dazu bringen, über die größeren Mysterien des Lebens nachzudenken, während ihr Schicht um Schicht tiefere Einsicht in unser Thema erhaltet: euch selbst zu verstehen.

Als Gott Mann und Frau als geistige Wesen erschuf, als lebendige Geister, die aus seinem ewigen Geist gestaltet, aber in Körper aus Lehm gehüllt wurden, stattete er sie mit allen Fähigkeiten seines universellen Bewusstseins aus. Das universelle Bewusstsein kann als Gottes universelles Gewahrsein seiner selbst definiert werden. Aber Gottes universelles Selbstgewahrsein funktioniert nicht nur im Bereich des Geistes, sondern auch im Raum-Zeit-Kontinuum des materiellen Universums.

Weil der Mensch eben sowohl gottähnlich als auch menschenähnlich ist, ist er in der Lage, seine höheren und niederen Persönlichkeitsanteile – sowohl das Geistige als auch das Materielle – zu integrieren. Es ist sogar seine Pflicht, dies zu tun. Außerdem liegt es in seiner Verantwortung, in sich selbst die sich ständig wandelnde Welt des Begrenzten und die großartige wirkliche Welt des Unbegrenzten zu integrieren.

Der Grund für euer irdisches Dasein

Der wichtigste Grund, aus dem ihr euch in der Schule der Erde befindet, ist, dass ihr aus freiem Willen jene meisterlichen Eigenschaften entwickeln sollt, die Teil des Charakters und Wesen Gottes sind. Als Gott euch in seinem Bild und nach seinem Ebenbild erschuf, schenkte er euch seine ewige Flamme. Diese Flamme war und ist seine innerste Essenz, und weil er sie euch gab, ist sie auch eure innerste Essenz. Haltet nun einen Moment inne und meditiert über diese Wahrheit.

Überlegt euch, was es bedeutet, dass Gott von sich selbst gab, als er euch seine Flamme zum Geschenk machte. Er verankerte ebendiese Flamme, diesen göttlichen Funken, in euren Herzen. Und von dort aus wacht er über euch – von eurem ersten Atemzug bis zu eurem letzten. Nehmt diese Wahrheit als geistig-wissenschaftliche Tatsache an und weilt ewiglich in seiner ewigen Flamme und in seinem Göttlichen Selbst.

Der Große Geist ist Allgüte und Allintelligenz. Als Geistfunke des Großen Geistes wurdet ihr erschaffen, um seine Allgüte und Allintelligenz zu verinnerlichen.

Spiegelt den Charakter eures Göttlichen Selbst wider

Aber in einem Leben nach dem anderen haben viele von euch den Ausdruck eurer euch innewohnenden Gottesgüte und Gottesintelligenz erheblich eingeschränkt. Ihr habt karmische Muster erschaffen, die euch einengen. Ihr habt eine Dornenhecke um euren Garten gepflanzt, und dort sitzt ihr nun und versucht, euch gegen alle Möglichkeiten des Lebens abzusichern, ohne jemals eine davon auszuprobieren. Gelegentlich habt ihr sogar negativ auf die Möglichkeiten des Lebens reagiert, die von euren geistigen Förderern speziell für euch gestaltet worden waren.

Aus diesem Grund hat euer Göttliches Selbst den Gebrauch seiner Macht durch euch eingeschränkt. Und es wird euren Gebrauch seiner Macht weiter einschränken, bis ihr euch aus freiem Willen entscheidet, euren Charakter nach dem Vorbild seines Charakters zu entwickeln.

Wenn ihr Tag für Tag die Bausteine seines Charakters zusammentragt und ihn zu eurem eigenen macht, werdet ihr eine innere Stärke kennenlernen, die mit einer leidenschaftlichen Entschlossenheit einhergeht, den Willen eures Göttlichen Selbst zu erfüllen. Dann werdet ihr euch selbst im Gebrauch der göttlichen Macht einschränken. Und ganz allmählich werdet ihr nicht nur euch selbst, sondern auch eurem Göttlichen Selbst beweisen, dass ihr die Zügel der Selbstdisziplin im Gebrauch der Macht selbst unter den schwierigsten und herausfordernden Umständen halten könnt. Dann werdet ihr die Macht Gottes und die Ermächtigung eures Geistes rechtmäßig empfangen.

Wenn es euch gelingt, eure Seele den Charakter eures Göttlichen Selbst widerspiegeln zu lassen, werdet ihr wie eine lichtdurchlässige Folie (oder ein Dia) für seine ewigen Tugenden und moralischen Werte. Die Gedanken Gottes werden zu euren Gedanken werden, die Worte Gottes werden zu euren Worten werden und die Taten Gottes werden zu euren Taten werden.

Wenn eure Gedanken, Worte und Taten euer Göttliches Selbst vollkommen widerspiegeln, werdet ihr für würdig befunden werden, die göttliche Macht selbst in den geistigen Dimensionen eures Wesens auszuüben. Dann werden wir, eure Förderer, euch signalisieren, dass ihr eine größere Hürde auf dem Weg der Einweihung eurer Seele genommen habt.

Erinnert euch an die Struktur der Vollkommenheit

In Gott gibt es keinen Konkurrenzkampf. Gott erfreut sich an der Vielfalt seiner Schöpfung, da er die Strukturen des Himmels und die Strukturen der Erde nach seinem eigenen Wesen erdacht hat. Strukturen und Strukturierung stellen die Grundlage der inneren wie der äußeren Welten dar.

Die Schöpfung wurde von Gott am Anfang dieses kosmischen Zyklus strukturiert. Und am Ende wird er die Schriftrollen seiner Werke zusammenrollen und sie in das heilige Feuer werfen, um den Prozess im nächsten und übernächsten kosmischen Zyklus zu wiederholen.

Ob wir den Zustand, permanent in Gott zu sein, in diesem kosmischen Zyklus erlangen – wie im Himmel so auf Erden –, hängt ganz von den Mustern ab, mit denen wir selbst unsere vier niederen Körper überlagern – unsere Seele, unseren Geist, unseren Körper und ganz besonders unsere Wünsche. Manche Muster werden jene des Himmels sein, aber die meisten werden von der Erde, also irdisch, sein. Denn Jahrhunderte sind in den Nebeln der Äonen verblasst, und wir erinnern uns kaum noch an die Strukturen der Vollkommenheit, auf denen wir einst unser Leben und unsere Zivilisationen aufgebaut hatten.

Und so sind wir hier unten vor der Wiedervereinigung unserer Seele mit Gott Gefangene unserer eigenen karmischen Muster. Denn zum größten Teil spiegeln unsere durch diese Muster befleckten Seelen weder das ursprüngliche reine Muster Edens wider noch die himmlischen Muster, die jenes Paradies einst gebaren. Und so ist es von allergrößter Wichtigkeit, sich daran zu erinnern, dass unsere Seelen und unsere vier niederen Körper mit jenen Mustern verschmelzen müssen, wenn wir in das Reich des ewigen Lebens eintreten wollen, um dann nie mehr von den Strukturen unseres ursprünglichen Geburtsrechtes in Gott abzuweichen.

Gott wünscht euer Glück

Gott der Herr wünscht nicht jenes Urteil, das er über Adam und Eva und andere Zwillingsflammen ergehen ließ, die Schüler in der uralten, Eden genannten Mysterienschule waren, endlos fortzusetzen. Es ist der Mensch selbst, der durch Selbstbestrafung und seinen Glauben an die Lüge von der ewigen Verdammnis, die ihm die gefallenen Engel eingeflüstert haben, jenes Urteil aufrechterhalten hat.

Jesus Christus nannte diese verkommenen Engel Wölfe in Schafspelzen. Das waren sie, und das sind sie noch heute. Bis zum heutigen Tag verbreiten sie ihre Philosophie vom Höllenfeuer und von der Verdammnis.

Gott wünscht nicht, das Unglück des Menschen zu verlängern. Auch möchte er nicht sehen, wie der Mensch sich selbst für Sünden geißelt, die längst vergeben und vergessen sind. Noch möchte er den Zustand der Unvollkommenheit des Menschen unbegrenzt verlängern. Wenn der Mensch die Wünsche Gottes teilt, wird er sich nicht mehr als unglücklich, sündhaft oder unvollkommen sehen.

Aber bis der Mensch die Wünsche, die Gott für ihn hat, mit ihm teilt, hat das Göttliche Selbst die Vormundschaft für ihn übernommen, notwendige Schutzmaßnahmen getroffen und ihm gewisse Beschränkungen auferlegt, darunter auch die Begrenzung seiner Lebensspanne auf rund siebzig Jahre. Diese Begrenzung der durchschnittlichen Lebensspanne wurde eingeführt, um das Fortbestehen von unerwünschten Merkmalen sterblicher Gedanken und Gefühle zu unterbinden.

Ihr seid verantwortlich dafür, euer eigenes Leben im Reichtum und voller Genüge zu verwirklichen. Sobald ihr euch einmal auf den Christus-Geist eingestimmt habt, wird dieser Prozess so natürlich vonstattengehen, wie eine Blume ihre Blüte öffnet. Denn der Christus wirkt als Mittler zwischen eurer Seele und eurem Göttlichen Selbst und überträgt auf euch jenes Verständnis von Gerechtigkeit, das sich als rechter Gebrauch des Gesetzes nach dem Willen des Vaters zeigt.

Hochmut verhindert den spirituellen Fortschritt

Die Dunklen haben viele Waffen eingesetzt, um die Kinder des Lichts davon abzuhalten, ihr wahres Selbst zu entdecken. Die dunkelsten dieser Waffen sind die Scheuklappen der egoistischen Selbstbezogenheit, die auch jene vollkommen menschliche Eigenschaft des Hochmutes mit einschließt, die so leicht das individuelle Selbstbewusstsein durchdringt. Ihr Geliebten, oft ist der Hochmut so subtil, dass die Menschen ihn mit spirituellem Eifer verwechseln.

Der Große Wirker ist der Ewige, der die Menschheit vollkommen – mit Herz, Hand und Kopf – in seine Dienste nehmen möchte, aber niemals ohne ihre Zustimmung. Es ist seine Absicht, der Seele die volle Ausübung ihrer ihr von Gott gegebenen Talente zu übertragen – sobald sie ihren Selbstwert und ihre Fähigkeit demonstriert hat, diese auch zu empfangen.

Der rechte Gebrauch der ihr von Gott gegebenen Talente durch die Seele, vervielfacht durch den Fleiß, mit dem sie diese anwendet, wird stets unter der Anleitung jenes Genius erfolgen, den Gott ihrem Bewusstsein eingepflanzt hat. Jede Seele hat Zugang zu diesem »Genius-Reservoir«, aber sie muss dieses aktivieren, indem sie in die Fußstapfen ihrer spirituellen Förderer tritt. Darin liegt der Schlüssel zu ihrer Selbstüberwindung.

Möchte die Seele den Unendlichen Einen durch die Kette der geistigen Hierarchie dieses Planeten vollkommen annehmen, so muss sie sich den aufgestiegenen Meistern unterwerfen, die sie auf der Wendeltreppe zum Quell allen Seins führen. Nur so kann sie die Mysterien Gottes und seines geistigen Genius erlangen.

Dieser Genius kann nicht mit der Genialität des menschlichen Geistes verglichen werden. Nein, der Genius, von dem wir sprechen, führt die Seele mit einem Riesensprung von dem endlichen Geist zum unendlichen Geist Gottes. Die Seele hat aber nur Zugang zu diesem höheren Geist, wenn sie den endlichen Geist dem Ewigen unterwirft, damit er mit ihm macht, was er will.

Mit ihrer ganzen Herzenskraft sollten die Menschen ihr Bewusstsein gegen die Luziferische Eigenschaft des menschlichen Hochmutes schützen. Von wenigen Ausnahmen abgesehen, lauert im Bewusstsein der Menschen, die sich auf diesem Planeten entwickelt haben, die Eigenschaft des Hochmutes, die immer dann ihr Gesicht zeigt, wenn Individuen zulassen, dass sie sich wegen Kleinigkeiten gekränkt fühlen.

Die spirituell fortgeschrittene Person, die nur zu ein wenig Innenschau bereit ist, sollte sofort merken, wenn sie wegen Kleinigkeiten oder unwichtiger Dinge, die überhaupt keine Rolle spielen, ärgerlich oder wütend auf andere wird. Das sind Hinweise auf persönlichen Stolz oder Hochmut. Man sollte Ausgeglichenheit und Vernünftigkeit lernen und anderen gegenüber dieselbe Toleranz zeigen, mit der man selbst behandelt werden möchte.

Selbstkontrolle der Gefühle

Durch innere Freude am Gesetz Gottes[61] kann der Mensch an jenen Punkt kommen, an dem er in der Lage ist, dem Ansturm übermäßiger Emotionalität zu widerstehen und sich selbst im Gleichgewicht des universellen Lichtes zu halten, selbst wenn er aufgrund seines sensiblen Wesens den Schmerz des Zornes oder des Bedauerns über das Verhalten anderer spürt. Selbstkontrolle der Emotionen und der Gefühlswelt ist einer der Schlüssel zur Selbstmeisterung, die manche unserer Schüler so schwierig anzuwenden finden.

Weil sich das Individuum mit seinem Bewusstsein identifiziert, reagiert es äußert sensibel auf alle Umstände, die in sein Bewusstsein eindringen und die es als Angriff auf sein eigenes Leben verstehen mag. Indem es sich mit allem Leben identifiziert, während es ein Gewahrsein seiner persönlichen Funktion und ein Gefühl für seine persönliche Mission aufrechterhält, kann es leicht erkennen, warum Individuen so handeln oder reagieren, wie sie es eben tun.

Diese Erkenntnis wird das Öl der Gelassenheit auf die aufgewühlten Wogen der menschlichen Angelegenheiten gießen. Vor allem sollte das Selbst über all dem stehen, ohne dabei überheblich zu werden und sein Mitgefühl mit den Problemen anderer zu verlieren.

Die Bruderschaft befürwortet ein Sensibilitätstraining gegenüber Christus, aber wir möchten darauf hinweisen, dass jene psychische Sensibilisierung und der unangemessen körperliche Kontakt zu anderen, der häufig unter dem Titel »Sensibilitätstraining« läuft, eine gefährliche Prozedur ist, die nur zu leicht zum Untergang der notwendigen Individualität führen kann.

Die Würde der wahren Selbstverwirklichung

Die Menschen müssen sich ihr individuelles Selbst bewahren, während sie die spirituelle Identifizierung mit dem wahren Selbst erlangen. Indem man diese Identifizierung ausdehnt, kann man die Gottesgegenwart in allem Leben als Teil seiner eigenen Selbstwahrnehmung einschließen. Sie müssen die menschliche Psyche oder den menschlichen Körper nicht erforschen, um dieses Gewahrsein zu erlangen.

Eine effektive Gotteskontrolle über die Schöpfung muss im Universum aufrechterhalten werden, damit Gott die Realität seines Reiches überall erschaffen kann. Dort, wo kein Geist ist, wo der Geist geleugnet wird, wo der Geist unterdrückt wird[62], da existiert kein Quell der Wirklichkeit, der die Beschwingtheit der zwischengeistigen und zwischenmenschlichen Erkenntnisse in das Bewusstsein bringt.

Die kleinen Freudenausbrüche, welche die Seele durchfluten, wenn sie mit jenen in Kontakt kommt, die spirituell gleichgesinnt sind, geben einen sicheren Hinweis auf die Gegenwart des Heiligen Geistes. Jene, die sich im sogenannten mentalen Karate üben, und jene, die danach streben, Kontrolle über andere auszuüben oder sie zu hypnotisieren, realisieren häufig nicht, dass sie außerhalb der ewigen Absicht des Vaters agieren. Jeder Sohn und jede Tochter Gottes muss sich in der Würde der wahren Selbstverwirklichung ein Gefühl für seine individuelle Mission bewahren und sein Bewusstsein durch die himmlische Gegenwart ausdehnen, um den Lebensplan anderer zu verstehen.

In einem gewissen Sinn ist alles Leben eins. Und dieses ist der höchste Sinn. Aber in den niederen Sinnen gibt es viele Fallen und Verstrickungen, die vermieden werden müssen. Durch Umsicht und Takt, durch Unterscheidungsvermögen in Christus und das heilige Gebet, können sich die Menschen ihre göttliche Würde bewahren – was allerdings nicht ausschließt, dass das Selbst voll Humor sprudelt und ständige Freude erleben kann. Eine solche Würde kann niemals durch Menschen, Orte, Zustände oder Dinge überwältigt werden.

Werdet zu der Fülle all dessen, das wirklich ist

Gesundheit, Glaube und Entschlossenheit sind Attribute der Ausdehnung des Wirklichen im Menschen. Jeden Tag müsst ihr zu einem größeren Verständnis eurer selbst gelangen, damit ihr fähig seid, den Sinn des Lebens rechtmäßig zu repräsentieren. Ihr seid Liebe, und ihr liebt die Liebe. Ihr seid Weisheit, und ihr liebt die Weisheit. Ihr seid Macht, und ihr liebt die Macht.

Aber ihr wisst, dass sich alles im vollkommenen Dreieck einer ausgeglichenen Einstellung erfüllt. Diese Einstellung strebt das Gemeinwohl an und weiß um die Gefahren mentaler Manipulation. Durch menschliche Schläue und List wurde dem Reich Gottes Gewalt angetan[63], an der Ordnung der Welt wurde herumgepfuscht und die Macht der Medien ist zum Zwecke der negativen Kontrolle eingesetzt worden.

Der Schlüssel zur Rettung der gesellschaftlichen Systeme liegt im Sieg des göttlichen Gesetzes im Wesen des einzelnen Menschen. Was das Individuum wird, das ist die kollektive Welt.

Geht mit ganzem Herzen in das Reich Gottes und seiner Gerechtigkeit ein.[64] Und übt euch in jenen geistigen Übungen, die euch aus dem Falschen herausschälen und euch mit dem Wirklichen kleiden. Dann könnt und müsst ihr und eure Welt zu jener Fülle werden, die Gott von Anbeginn für euch vorgesehen hatte.

Oh Stern der Weisheit, leuchte weiter!

Ich bin euch in Güte verbunden

Lanto

6

Energieebenen und das Potenzial des Selbst

Wenn du die ganze Menschheit erwecken willst,
erwecke dein ganzes Selbst.

Laotse[65]

Um ein kristallklares Bild des Selbst herauszuarbeiten, wollen wir den Begriff in der Terminologie der Energieebenen erörtern. Das folgende Gleichnis von den Talenten offenbart, dass sich die Menschen je nach den ihnen gegebenen Begabungen unterscheiden.

> »Jesus Christus sagte: Es [das Himmelreich] ist wie mit einem Mann, der auf Reisen ging: Er rief seine Diener und vertraute ihnen sein Vermögen an.

Dem einen gab er fünf Talente Silbergeld, einem anderen zwei, wieder einem anderen eines, jedem nach seinen Fähigkeiten. Dann reiste er ab.

Sofort begann der Diener, der fünf Talente erhalten hatte, mit ihnen zu wirtschaften, und er gewann noch fünf dazu.

Ebenso gewann der, der zwei erhalten hatte, noch zwei dazu.

Der aber, der das eine Talent erhalten hatte, ging und grub ein Loch in die Erde und versteckte das Geld seines Herrn.

Nach langer Zeit kehrte der Herr zurück, um von den Dienern Rechenschaft zu verlangen.

Da kam der, der die fünf Talente erhalten hatte, brachte fünf weitere und sagte: Herr, fünf Talente hast du mir gegeben; sieh her, ich habe noch fünf dazu gewonnen.

Sein Herr sagte zu ihm: Sehr gut, du bist ein tüchtiger und treuer Diener. Du bist im Kleinen ein treuer Verwalter gewesen, ich will dir eine große Aufgabe übertragen. Komm, nimm teil an der Freude deines Herrn!

Dann kam der Diener, der zwei Talente erhalten hatte, und sagte: Herr, du hast mir zwei Talente gegeben; sieh her, ich habe noch zwei dazu gewonnen.

Sein Herr sagte zu ihm: Sehr gut, du bist ein tüchtiger und treuer Diener. Du bist im Kleinen ein treuer Verwalter gewesen, ich will dir eine große Aufgabe übertragen. Komm, nimm teil an der Freude deines Herrn!

Zuletzt kam auch der Diener, der das eine Talent erhalten hatte, und sagte: Herr, ich wusste, dass du ein strenger Mann bist; du erntest, wo du nicht gesät hast, und sammelst, wo du nicht ausgestreut hast; weil ich Angst hatte, habe ich dein Geld in der Erde versteckt. Hier hast du es wieder.

Sein Herr antwortete ihm: Du bist ein schlechter und fauler Diener! Du hast doch gewusst, dass ich ernte, wo ich nicht gesät habe, und sammle, wo ich nicht ausgestreut habe. Hättest du mein Geld wenigstens auf die Bank gebracht, dann hätte ich es bei meiner Rückkehr mit Zinsen zurückerhalten. Darum nehmt ihm das Talent weg und gebt es dem, der die zehn Talente hat! Denn wer hat, dem wird gegeben, und er wird im Überfluss haben; wer aber nicht hat, dem wird auch noch weggenommen, was er hat. Werft den nichtsnutzigen Diener hinaus in die äußerste Finsternis! Dort wird er heulen und mit den Zähnen knirschen.«[66]

Dies gilt auch für die verschiedenen Energieebenen. Gesundheit, Karma und Bestrebungen gehören zu den vielen Faktoren, welche das Ausmaß an Energie bestimmen, das einem zur Verfügung steht. Das Energieniveau variiert zudem im Rahmen einer Norm – von hoch bis niedrig.

Das Karma bestimmt die Seelenenergie

Die meisten Menschen erkennen nicht, dass das Potenzial des Selbst im Zusammenhang mit der Quantität und Qualität der Energie steht, die sie gebrauchen. Wenn ihr euch das Wesen der Seele als Wesen Gottes vorstellt und in Betracht zieht, dass Gott erstens unbegrenzte Energie ist, dem Menschen zweitens eine begrenzte Menge dieser Energie Gottes gegeben wurde und dass drittens die Energie, die dem Menschen gegeben wurde, den Inhalt seiner Seele ausmacht, dann seid ihr bei eurer Erforschung des Selbst auf dem richtigen Weg.

Jesus warnte uns, dass die Menschen ihre Seele verlieren könnten. Er sagte: »Und fürchtet euch nicht vor denen, die den Leib töten, und die Seele nicht können töten; fürchtet euch aber vielmehr vor dem, der Leib und Seele verderben kann in der Hölle.«[67] Denn was hätte der Mensch gewonnen, wenn er die ganze Welt gewinnen würde, aber sich selbst dabei verlieren oder zu einem Ausgestoßenen werden würde?[68]

Die vielen Prüfungen und schwierigen Situationen mögen die Energie, die einem Menschen zur Verfügung steht, erschöpfen. Ich sage nicht, dass die gesamte Energie, die der Mensch braucht, von der Seele stammt, denn wie ihr wisst, stammt der Vorrat vom Heiligen Geist. Wie der Apostel Jakobus schrieb: »Alle gute Gabe und alle vollkommene Gabe kommt von oben herab, von dem Vater des Lichts, bei welchem ist keine Veränderung noch Wechsel des Lichtes und der Finsternis.«[69]

Aber ich stelle die Seelenenergie mit der temporären Manifestierung der Identität in einen Zusammenhang. Diese Seelenenergie, auch Sonnenenergie genannt, ist in ihrem Ausmaß begrenzt. Einige Menschen haben sehr viel mehr Energie als andere. Was ein Mensch sät, das wird er ernten.[70] Daher wirkt das Karma zumindest teilweise als eine Art Regulator des Energieflusses von der Gottesgegenwart zum Menschen, so wie es auch die Menge an Seelenenergie reguliert, die einem Lebensfluss zu Beginn einer jeden Verkörperung mitgegeben wird.

Der gesundheitliche Zustand steht im Zusammenhang mit dem Karma, und beide sind kumulativer Natur. Der Gesundheitszustand ist das Ergebnis des vergangenen und gegenwärtigen Umgangs mit seiner Energie. Gute Gesundheit begünstigt den steten Fluss der Energie durch die vier niederen Körper. Ebenso gilt das Gegenteil.

Der rechte Gebrauch der Energie erhöht sie

Wir können nicht leugnen, dass es gute und schlechte Energien gibt. Aber wir sollten uns daran erinnern, dass Energie selbst eigentlich weder gut noch schlecht ist, es ist ihre Ausprägung, welche die ihr innewohnende Erscheinungsform bestimmt.

Daher müssen wir bei unserer Untersuchung im Auge behalten, die Energie und ihre Ausprägung im Zusammenhang mit dem Selbst zu sehen. Ein erster Impuls oder eine erste Energiemenge wird dem Individuum als sein göttlicher Anteil mitgegeben. Dies wird im Gleichnis vom verlorenen Sohn deutlich.[71]

Die Aussage: »Denn wer hat, dem wird gegeben, und er wird im Überfluss haben; wer aber nicht hat, dem wird auch noch weggenommen, was er hat«[72], gibt ebenfalls einen Hinweis darauf, wie notwendig die Aufrechterhaltung und Pflege des Energiepotenzials für das Selbst ist. Wir können dies als »kritische Masse« bezeichnen.

Je mehr Energie ein Mensch hat, desto mehr Energie kann er anziehen. Je weniger er hat, desto weniger kann er anziehen. Die Notwendigkeit, die eigenen Energien zu läutern, wird umso offensichtlicher je mehr das Individuum erkennt, dass das Potenzial seines Lebens von der Qualität seiner Energie abhängt.

Tatsächlich ist heute ein Großteil der Energie, die dem Menschen einst zur Verfügung stand, in den unvollkommenen Strukturen seiner eigenen menschlichen Fehlschöpfungen eingeschlossen. Wie Geld auf der Bank, das als Bürgschaft hinterlegt worden ist, kann diese Energie nicht genutzt werden, bis die spirituellen Verpflichtungen erfüllt worden sind.

Befreit euch von Spannungen

Jene, die der Menschheit auf dem Gebiet der Medizin dienen, verstehen, dass immer dann, wenn sich in den Muskelgruppen des Körpers Verspannungen aufbauen, ein Großteil der Energie dort feststeckt – was sich auf den ganzen Körper auswirkt. Sie wissen, dass durch die Lösung dieser Verspannungen in den Muskeln Körper und Geist mehr Energie zur Verfügung steht.

Gleichermaßen wissen jene, die den menschlichen Geist verstehen, dass es zu einer gespaltenen Persönlichkeit führen kann, wenn sich die Psyche zwanghaft mit verschiedenen Problemen beschäftigt. Erhöhte mentale und emotionale Anspannung erzeugt eine Zunahme anziehender und abstoßender Kräfte, die das Selbst spalten. Ständige Erschöpfung kann ebenfalls eine verstärkte Neigung zu geistigen Störungen herbeiführen.

Daher muss der Mensch lernen, wie er sich selbst von Anspannungen befreien kann – und zwar physisch, mental und emotional. Er muss lernen, die gesamte Energie zu gebrauchen, die ihm von Gott gegeben wurde und von der sich ein Teil im Ruhezustand und ein anderer in Bewegung befindet.

Er muss lernen, die Fehlentwicklungen seiner Energie aufzuheben, für die er die Verantwortung trägt. Er muss lernen, die Energie, die fehlgeleitet ist, neu zu strukturieren. Dies wird ihm zu einem größeren Energiequotienten verhelfen, der dann genutzt werden kann, um ein wahres Seelenbewusstsein zu entwickeln, denn zum großen Plan des Lebens gehört, dass der Mensch das Universum meistert, indem er zuerst sich selbst meistert.

Macht euch die Energie eures höheren Wesens zunutze

Auf sehr reale Weise spiegeln sich die geistigen Energien des göttlichen Bildes im Spiegel des sterblichen Bewusstseins wider. Diese Energien bewirken das Eintreten der Seelenkraft in den Lebensfluss, aber sie müssen bewusst verstärkt werden, damit die sich ausdehnende Seele einen größeren Teil der Göttlichkeit in das Leben des Individuums ziehen kann.

Alle unerwünschten karmischen Manifestierungen kehren zu ihrem Ursprung zurück – dem individuellen Wesen des Menschen –, wenn die Anziehungskraft in ihm eine bestimmte Stärke erreicht hat – gleich, ob diese nun eine gute oder böse Ausprägung aufweist. Daher ist es gut, wenn ein Individuum erkennt, dass es sowohl eine bestimmte Quantität an Energie als auch eine bestimmte Qualität der Energie anzieht, wenn es das höhere Wesen seines Seins zu sich zieht. Diese Energie wird das Wesen des Menschen stärken und es gegen den Tag der karmischen Abrechnung wappnen, an dem alles Negative und Positive aufgerechnet werden wird und er vor seinem Schöpfer aufsteigen oder niederstürzen wird.

Bei unserer Betrachtung des Energieniveaus des Menschen geht es uns sowohl um Qualität als auch um Quantität. Das Absolute ist alles und besitzt daher alles – und wird in einem gewissen Sinn von allem besessen. Folglich muss alle Energie, die eurer Seele jemals anvertraut wurde, zu ihrer Quelle zurückkehren.

Der universelle Wunsch nach Reinheit im Selbst, ist die treibende Kraft hinter dem Streben nach mehr und mehr rechter Gestaltung – gleich, ob es sich dabei um den Wunsch des makrokosmischen Herrn handelt oder den Wunsch der individuellen Monade. Wenn ihr eure Seele als Gefäß für die Energien der feurigen Welt[73] seht, werdet ihr euch stärker dafür verantwortlich fühlen, die Seele und ihren Inhalt auf dem Altar der Reinheit zu bewahren.

Und vielleicht werdet ihr häufiger darüber nachdenken, wie unglaublich nutzbringend es nicht nur für euch als Individuen, sondern für das Universum insgesamt sein kann, wenn ihr lernt, den Willen aufzubringen, negative Gedanken, Gefühle und Werke mit der makellosen Schönheit der ersten Schöpfung Gottes neu zu gestalten. Denkt nur an die Welten missgestalteter Substanz, die darauf warten, erobert zu werden, wenn ihr die höchste Kunst der Transmutation ausübt, wie sie von Saint Germain gelehrt wird.[74]

Wenn sie dem aufgestiegenen Meister Jesus Christus in der Erneuerung folgen und den Baby-Messias in der Krippe ihres Herzens hüten, werden die Menschen den Prozess beginnen, ihr Verständnis des Selbst auszuweiten, indem sie all das werden, was wirklich ist, und durch die Neugestaltung das verwerfen, was unwirklich ist.

Werdet wie die kleinen Kinder

Diese Aufgabe und der dafür notwendige Prozess mögen endlos erscheinen, aber sie sind es nicht. Wenn ihr nicht wie die kleinen Kinder werdet, könnt ihr nicht in ihn eintreten.

> »Und sie brachten Kindlein zu ihm, dass er sie anrührte. Die Jünger aber fuhren die an, die sie trugen. Da es aber Jesus sah, ward er unwillig und sprach zu ihnen: Lasset die Kindlein zu mir kommen und wehret ihnen nicht; denn solcher ist das Reich Gottes. Wahrlich ich sage euch: Wer das Reich Gottes nicht empfängt wie ein Kindlein, der wird nicht hineinkommen. Und er herzte sie und legte die Hände auf sie und segnete sie.«[75]

Das Bewusstsein eines kleinen Kindes zu manifestieren, heißt, das meisterliche Christus-Bewusstsein zu entwickeln, das durch den Heiligen Geist letztlich die Herrschaft über die Erde ergreifen wird.[76]

Wartet, beobachtet und arbeitet, denn der Vater arbeitet mit euch und in euch.

Ich bin euer treuer Bruder

Kuthumi

7

Das Ego

»Wie geht es dir?«
»Sehr gut, danke. Ich reise inkognito.«
»Wirklich? Als was hast du dich denn verkleidet?«
»Ich habe mich als mich selbst verkleidet.«
»Sei nicht albern, das ist keine Verkleidung. Das ist, was du bist.«
»Im Gegenteil, es muss eine sehr gute Verkleidung sein, denn wie ich sehe, bist du völlig darauf reingefallen.«

Nasrudin[77]

Wenn es richtig funktioniert, ist das Bewusstsein eine glühende Sphäre aus Realität, Freude und vollständiger Erleuchtung. Ein Mensch, der seine Hand aus dem scheinbar getrennten Zentrum des Seins ausstreckt, kann – wenn er dies dann will – das kosmische Zentrum des Lebens berühren. Von dort kann er die Peripherie aller Realität so mühelos erreichen, wie das Wunder des strahlenden, expansiven Geist Gottes das Universum mit seinem Licht durchdringt.

Dem Menschen wohnt die Macht inne, sein Bewusstsein über die Sphäre des persönlichen Selbst hinaus in den Bereich der universellen Realität hinein auszudehnen, die von den Myriaden Manifestierungen geteilt wird, die den Kosmos bevölkern. Die wunderbare Eigenschaft der »eingeschlossenen Individualität« unterdrückt niemals das permanente Wesen des Menschen. Das Bewusstsein entfaltet sich und die sanft gestaltenden Faktoren der Hand der universellen Intelligenz, Macht und Liebe unterweisen die sich entwickelnde Seelenpersönlichkeit.

Die Erneuerung der Seele

Wie der geliebte Kuthumi schon sagte, kann ein Individuum Energie nur zu leicht missbräuchlich verwenden. Andererseits kann es genau so leicht damit beginnen, diese Energie neu zu gestalten. Daher können Menschen jeden Alters sich darauf freuen, ein neues Lebensgefühl zu erleben und eine Erfüllung, die sie bisher noch nicht kannten. Schon bald werden sie die Strukturen umgehen, die sie erschaffen haben – und die für sie von den dunklen Herren und ihren dunklen Sternen geballter Fehlgestaltungen erschaffen worden sind.

Die Seelen werden mit der Freude eines neugeborenen Babys erkennen, dass das Universum ihr Heim und voller Licht und Hoffnung ist. Es ist ein Ort, an dem die vorübergehenden Erscheinungen der Intelligenz mit dem Ewigen verschmelzen können, so wie das Ewige die sterbliche Substanz mit seiner essenziellen Realität durchdringt. Der Menschheit ist es daher möglich, jenes permanente Geschenk der Glückseligkeit kennenzulernen, das der Vater-Mutter-Gott ihren Nachkommen bei der Geburt ihrer Identität voller Freude mitgegeben hat.

Der Ozean hätte sich dafür entscheiden können, der Ozean zu bleiben, aber indem der winzige leuchtende Tropfen vom Ganzen getrennt und in die herrlichen Strahlen der Sonne der Erleuchtung gehalten wurde, entstand ein neuer Ozean. Und so wurde dem individuellen Bewusstsein die Herrschaft über seine eigene Welt geschenkt. Der Mensch, der nach dem Ebenbild seines Schöpfers geschaffen wurde, wurde selbst zu einem Schöpfer.[78]

Egoismus erzeugt das Gefühl, sich abplagen zu müssen

Die ersten Regungen der Wirklichkeit außerhalb des verlorenen paradiesischen Zustandes fanden in der Finsternis statt, in der Leere des Nichtwissens. Diese Regungen von guten Vorsätzen wurden schon bald in äußere Handlungen umgesetzt, aber die Verstrickungen gesellschaftlicher Kontakte führten unglückseligerweise zu einem egoistischen Ausdruck und dem Gefühl, sich abplagen zu müssen.

Der Aufstieg des Menschen scheint proportional zu seiner Herrschaft zu erfolgen – aber nicht der Herrschaft über sich selbst, sondern über andere und seine Umwelt. Das Beherrschen der Umwelt war durchaus gerechtfertigt, aber die Zerstörung, die dies über andere brachte, war es nicht. Daher wurde das göttliche Gericht installiert, das als Karmisches Direktorium bekannt ist, um die Wirkungen der Menschlichkeit oder Unmenschlichkeit des Menschen gegenüber seinen Mitmenschen aufzuzeichnen und zu regulieren.

Das Gefühl des ständigen Kämpfenmüssens und der Mühsal nahm immer mehr zu. Das Einlassen auf das Ego wurde zu einem Gewirr invertierter Spiralen, die im Bewusstsein der Menschheit kaleidoskopische Tagträume entstehen ließen, die so komplex sind, dass das Bewusstsein vor ihnen zurückschreckt.

Die einfachen Formen der Gnade gerieten in diesem astralen Melodrama vollkommen in Vergessenheit. Der Mensch schien außerhalb der Verstrickungen zu leben, die er selbst erschaffen hatte, aber in Wahrheit lebte er in ihnen. Nun infizierte er auch andere mit seinem eigenen Dilemma, und die Macht der Ansteckung verbannte ihn aus dem himmlischen Zustand.

Wie man dem illusorischen Selbst entkommt

Das Ego ist der Sitz aller menschlichen Probleme. Bei dem, was als Minderwertigkeitskomplex oder Größenwahn bekannt ist, dreht sich alles um den Stolz und die Frustration des Egos. Aber obwohl die Menschen dies wissen, lassen sie immer wieder zu, dass sie den inneren Hemmnissen, die sie selbst erschaffen haben, weiterhin zum Opfer fallen.

Der einzige Ausweg besteht darin, durch die Tür der Wirklichkeit zu gehen. Dies ist der Fluchtweg, welcher der Menschheit zur Verfügung gestellt wurde, damit der Körper der Destruktivität, der durch die

Negativität des Menschen erschaffen wurde, umgewandelt und überwunden werden kann. So lange die Menschen ihrem Ego verhaftet bleiben, werden sie niemals frei von der Illusion des Selbst sein, die sie wie ein Geist der sich abplagenden Identität verfolgt – ganz gleich, welche religiösen Studien sie auch betreiben mögen, ganz gleich, welche Hingabe sie vorübergehend zeigen mögen, ganz gleich, wie viele gute Taten sie vollbringen mögen, ganz gleich, welche Stufen sie in ihrem Streben auch erklimmen mögen.

Sie werden die Freiheit des Selbst, ohne Einschränkungen erfolgreich zu sein, erst dann erkennen, wenn sie durch die Tür (»ICH BIN die Tür«) fliehen und in die Erkenntnis eintreten, dass das ewige Wesen Gottes der Wirkende ist – der Tuer.[79] Dann werden sie erkennen, dass Gott in ihnen wirken kann, um hemmende Einflüsse zu entfernen, ihre Finsternis zu verwandeln und ihr Bewusstsein aus der Finsternis zum Licht zu führen.

Schaut ehrlich in den Spiegel des Selbst

Wir könnten Richtlinien entwickeln, die euch helfen würden zu erkennen, wann das Ego die Kontrolle übernommen hat, aber ich glaube, ein ehrlicher Blick in den Spiegel des Selbst und eine Betrachtung der Reaktionen des Selbst auf die Handlungen anderer werden sehr schnell zeigen, ob das Ego handelt oder nicht – vorausgesetzt die Einschätzung ist ehrlich.

Mögen alle sehen und in alle Ewigkeit wissen, dass das Nicht-Selbst, das Schatten-Selbst, das Namen-Selbst, das Persönlichkeits-Selbst immer die vom Ego aufgestellten Fallen sind und immer waren und dass Männer und Frauen, die in diesem Bewusstsein leben, auch in ihm sterben müssen. Es ist unmöglich, dass Fleisch und Blut das ewige Leben gewinnen werden.[80]

Die Menschen suchen nach dem ewigen Leben, weil dieses ihr wahres Wesen ist, das Wesen Gottes und des göttlichen Bildes. Das ewige Leben wird unabhängig vom Gefäß des Selbst durch den Prozess der Entrückung gebildet, damit der Mensch nicht mehr den Tod sieht, sondern in das Leben entrückt wird, das sein göttliches Wesen ist.

Dem Ausspruch, dass der Mensch täglich sein begrenztes, egoistisches Selbst sterben lassen soll[81], muss eine andere Aussage hinzugefügt werden, nämlich, dass er täglich in der fortschreitenden Herrlichkeit seines ewigen Gott-Selbst und in der Erkenntnis der ganzen Realität leben sollte, die das Selbst bringen kann und bringt. Dies ist die Sonne, in die wir schauen und die keinen Schatten wirft.

Ja, wir können und wir werden eine solche Fülle spiritueller Informationen über das wahre Wesen des Menschen übermitteln, dass dadurch das jetzige Bewusstsein des Menschen beinahe überfordert wird. Aber wir müssen damit noch etwas warten, bis der Mensch genug Gelegenheit gehabt hat zu verstehen, dass er sein Ego abwerfen muss.

Dieses Konzept ist weit mehr als nur eine Aneinanderreihung von Worten. Es ist das Einströmen des vitalen Saatgedankens in das Bewusstsein des Menschen, durch welches das Bewusstsein selbst in seine natürliche strahlende Gegenwart verwandelt wird. Dies ist die Gegenwart Gottes, die das Individuum anhand seiner Wahrnehmung der sich ausdehnenden Wirklichkeit mit dem universellen Bewusstsein Gottes identifiziert. Und doch nimmt es ihm kein Quäntchen seiner Energie oder seines wahren Selbstseins.

Ersetzt den eitlen Intellekt durch den Geist Gottes

Der Vater erschuf den Sohn, auf dass dieser der geliebte Erbe aller erschaffenen Dinge sei. Und in Wirklichkeit war der Sohn Gottes, der das Licht Gottes ist, das uns niemals im Stich lässt, das Mittel, durch das der ewige Stammvater den schöpferischen Akt vollzog. »Du bist mein lieber Sohn, an dem ich Wohlgefallen habe.«[82]

Das Ego, das immer verletzt wird, das überempfindlich und voller Selbstmitleid ist und immer glaubt, das Leben sei ein ständiger Kampf; das Ego, das die Trümmerhaufen vergangener Leben nach irgendetwas von Wert durchsucht, sollte begreifen, dass der Wert des Menschen im Licht des ewigen Jetzt liegt. Der Mensch sollte anerkennen, dass das ewige Jetzt im Ewigen ist und dass die Gnade, die der Mensch haben muss und die für jeden Tag ausreicht, seiner Seele mit dem ihr eingeblasenen Atem der göttlichen Energie, die ihm das erste Bewusstsein schenkte, eingepflanzt wurde.

Im Namen der heiligen Weisheit halte ich, Meru, alle dazu an, die Schlangenhaut der Identität willig abzuwerfen, die auf ihrem Bauch gekrochen ist, während sie sich in den Eitelkeiten des Intellekts ergangen hat. Ersetzt dies durch den alles beherrschenden

Sonnenschein des lebendigen, vitalen Geist Gottes und jener Realität, die Gott ist und die ihr seid, weil er sie ist.

Ich bin sein Diener
und euer älterer Bruder

Meru

8

Das Netzwerk der Freude ausweiten

Wenn Menschen die ständige Freude in euren Augen sehen,
werden sie erkennen, dass sie die geliebten
Kinder Gottes sind … Freude ist sehr ansteckend,
daher solltet ihr immer voller Freude sein.

Mutter Teresa[83]

Unser Thema ist die Ausweitung des Netzwerkes der Freude, dem Gegensatz zur Traurigkeit, im Bereich des Bewusstseins und wie wir es in die Welt der Form hineintragen. Wenn die individuelle Monade das persönliche Selbst in einem aufrichtigen Akt der Hingabe bereitwillig aufgibt, wird sie schon bald von jenem Gottesideal angezogen werden, wunderbare Akte pulsierender Freude in die Welt hinauszutragen – Freude am eigenen Selbst, an der Natur, an Möglichkeiten, am Dienen, an Musik und Kunst und selbst Freude am Prozess, das Selbst zu läutern.

Jede Facette des Lebens stellt für jene, die sich täglich bemühen, Gott ähnlicher zu sein, eine Herausforderung dar. Aber dies ist keine Herausforderung, die Unbehagen bereitet, sondern eine, die Hoffnung bringt. Die Tatsache, dass ein Mensch sich ungeachtet seiner Lebensumstände verbessern kann, dass er seine Schwingung und den Inhalt seines Verstandes auf dieselbe Weise ändern kann wie er seine Kleidung wechselt, ist ein Zeichen der Hoffnung und ein Omen des Entzückens.

Energiefelder können herrlich sein, wenn sie korrekt ausgeformt sind. Denn dann umgeben sie ihren Schöpfer nicht nur mit seiner eigenen Schwingung der Glückseligkeit, sondern können aufgrund des Gesetzes der Anziehung die Schwingungen der Freude und des Glücks aus vielen Teilen der Welt anziehen.

Achtet darauf, was ihr in eure Welt zieht

Wir erkennen an, dass das Gegenteil ebenfalls wahr ist. Nur selten erkennen die Menschen, dass sie von Zeit zu Zeit von körperlosen Wesenheiten umgeben sind – von Wesenheiten der Angst, des Zweifels und der Trauer. Die Menschen erschaffen eine Atmosphäre, in der sie diese von außen kommenden Einflüsse durch ihre eigene Einstellung in ihre Aura ziehen.

Eine körperlose Wesenheit ist ein entkörperter Geist, der nicht zu Gott aufgestiegen ist. Daher ist er weder frei von Karma noch vom Rad der Wiedergeburten. Da eine solche Seele das Ritual des Aufstiegs nicht durchlaufen hat und nicht vollständig mit Gott identifiziert ist, ist sie dem Irrtum ebenso unterworfen wie verkörperte Menschen. Da sie sowohl von Elementen des menschlichen Egos als auch von einer gewissen negativen Dynamik besessen ist, kann sie diese absichtlich oder unabsichtlich übertragen.

Körperlose Wesenheiten können harmlos sein, aber sie sind nicht allwissend. Sie mögen gewisse Wahrheiten vermitteln, aber sie können rechthaberisch, hochmütig und auf ihren eigenen Vorteil bedacht sein. Man weiß, dass sie Menschen benutzen, um ihre eigenen Ziele zu verfolgen und ihnen dabei ihr Licht stehlen.

Körperlose Wesenheiten verzehren vitale Seelenenergien und berauben sowohl das Medium als auch die anderen Anwesenden ihrer geistigen Essenz, die für echten Fortschritt auf dem Weg notwendig ist. Einige bekannte Medien geben an, dass sie nach einem Channeling erschöpft sind, und viele Menschen haben schon berichtet, dass sie sich nach einer Séance ausgelaugt fühlen.

Im Gegensatz dazu ist die Energie, die von den aufgestiegenen, in Gott freien Wesen abgegeben wird, die von den höchsten Oktaven des Lichtes aus sprechen und eins mit dem universellen Geist sind, fantastisch. Sie ist beglückend. Sie lädt Körper, Verstand und Geist eines jeden Mitglieds der Versammlung auf. Sie klärt die Chakras und bringt die Seele in Kontakt mit ihrer eigenen inneren Gottes-Wirklichkeit.

Findet die Ursache eurer Launen heraus

Zum Thema der Stimmungen und Launen schlagen wir allen Schülern vor, dass sie, wann immer sie von Gefühlen überwältigt werden, die geringer als die Glückseligkeit Gottes sind – also Gefühle des Unbehagens oder der Unruhe –, nach der Ursache dieser Gefühle in ihrem eigenen Unterbewusstsein suchen. Dazu mag auch gehören, dass sie negative Gedanken zulassen, die in ihre Welt eingedrungen sind.

Zweitens sollten sie den Einfluss der sich als jemand anders ausgebenden oder bösartigen Wesenheiten in Betracht ziehen. Wenn ein Mensch danach strebt, sich selbst zu verbessern, indem er sich in religiöser Andacht übt, einen konstruktiven Vortrag oder ein aufbauendes Konzert besucht, religiöse Literatur liest, werden sich die eingedrungenen Wesenheiten aufgrund der Schwingung dieser höheren Bestrebungen extrem unwohl fühlen.

Daraufhin werden diese Wesenheiten, die nicht bereit sind, den Lebensfluss aus ihren Klauen zu lassen, ein Gefühl des Unbehagens oder des Unglücks in sein Bewusstsein projizieren. Sie werden dem Individuum suggerieren, dass dieses im direkten Zusammenhang mit der entsprechenden Aktivität steht.

Auf diese Weise werden viele aufrichtige Seelen auf dem Weg aufgehalten oder daran gehindert, den wahren Nutzen höherer Meditation zu erlangen. So werden sie aufgrund ihrer Anfälligkeit für eindringende Wesenheiten der Möglichkeit beraubt, die Segnungen der Transzendenz zu empfangen.

Die Notwendigkeit, auf dem spirituellen Weg Schutz zu suchen

Aus diesem Grund ist ein spiritueller Schutz für all jene notwendig, die auf dem Weg nach oben voranschreiten wollen. Und ich rede hier von Schutz nicht nur durch das Wissen, das ich hier vermittle, sondern von einem Schutz, der auch durch Dekrete, Gebete und durch die feste Entschlossenheit, unter allen Umständen den Willen Gottes zu tun, erlangt wird.

So werdet ihr entdecken, dass ihr äußerst schnelle Fortschritte machen werdet, wenn ihr einmal beschlossen habt, die körperlosen Wesenheiten aus eurer Welt zu verbannen. Dazu gehören auch die Geister von verstorbenen Verwandten, Freunden oder Feinden. Sie alle mögen sich positiv oder negativ zu euch hingezogen fühlen.

Wenn ihr den Schutz Gottes anruft, werdet ihr von der Bösartigkeit jener isoliert sein, von denen ihr nicht einmal wisst, dass sie eure Feinde sind. Diese Bösartigkeit stammt häufig von den Anhängern der schwarzen Magie, der Hexerei und des Satanismus, die ihre Kräfte benutzen, um jene anzugreifen, die sich ihrem Einfluss entziehen wollen. Diese Praktiken können für jene auf subtile Weise attraktiv sein, die über kein solides geistiges Wissen verfügen und die nicht verstehen, welche karmischen Strafen bei derartigen gefährlichen Praktiken drohen.

Aufgrund der zunehmenden Gefahr durch Hexerei, schwarzer Magie und Satanismus in den Vereinigten Staaten und überall auf der Welt, müssen die spirituellen Kandidaten Vorsicht walten lassen und ihr Unterscheidungsvermögen gebrauchen, um zu erkennen, wann negative Einflüsse in ihrer Welt am Werke sind. Sie sollten immer die Beweise abwägen, bevor sie ihr Versagen oder scheinbares Versagen sich selbst zuschreiben.[84]

Selbstzerstörerische Aktivitäten

Wenn die spirituellen Kandidaten sich ihres Fortschritts auf dem Weg bewusst werden, entdecken sie häufig, dass sie mit einem aufgeblasenen Ego ringen müssen. Andererseits entdecken sie möglicherweise, dass sie neidisch auf den scheinbaren Fortschritt anderer sind. Jesus beschrieb diese menschliche Neigung in seiner Aussage: »Weh euch Schriftgelehrten! denn ihr habt den Schlüssel der Erkenntnis weggenommen. Ihr kommt nicht hinein und wehret denen, die hinein wollen.«[85]

Viele Mitglieder der orthodoxen Kirchen stehen diesen Einflüssen ziemlich naiv gegenüber. Sie sind in Angelegenheiten des Selbst viel zu stur. Um ehrlich zu sein, wird das Selbst, wie wir euch in dieser Reihe erzählt haben, überhaupt viel zu wenig verstanden.

Aus diesem Grund handeln Menschen häufig gegen ihre eigenen besten Interessen und gegen das Wohl der Menschheit. Darum sind sie so sehr vom Gedanken eines großen sozialen Aufstiegs fasziniert und darum können die Mächte der Finsternis so viel Unruhe auf der Welt stiften.

Viele Menschen verstehen nicht, dass Gottes-Macht und Gottes-Kontrolle ausschließlich von einer höheren Macht stammen. Sie glauben, sie können spirituell wie materiell gewinnen, indem sie Zwang anwenden oder staatliche Kontrolle ausüben.

Das Gegenteil ist wahr: Die ideale Gesellschaft entwickelt sich aus dem höheren Bewusstsein heraus, wenn die einzelnen Menschen die Tore ihres Seins rückhaltlos Gott öffnen. In den Augenblicken des persönlichen Kontakts mit Gott wird das gesamte Wesen des Menschen zu einem Mund, der seine Lippen gegen das Unendliche presst, um die feine Nahrung zu empfangen, die dann in seine hungrige Seele strömt.

Lasst euch von eurem höheren Selbst leiten

Weil die Gnade, die von hoch oben kommt dermaßen kreativ, inspirierend und expansiv ist, überwältigt sie im wahrsten Sinne des Wortes das Wesen des Menschen. Sie fließt über den Rand des Bechers des Lebens und strömt weiter als Impuls, von dem die ganze Rasse profitieren kann. Derartige Impulse müssen auf konstruktive Weise übermittelt werden, um sich selbst zu schützen und anderen dabei zu helfen, ihre höchste Natur zu erkennen.

Jeder Mensch muss erkennen, dass die höhere Intelligenz in ihm in der Lage ist, ganz genau zu entscheiden, wann er sprechen sollte und wann er besser still ist, wann er anderen seine Hand reichen und ihnen helfen sollte und wann er dies besser nicht tut. Es gibt Zeiten, in denen nichts so wichtig ist wie einander eine hilfreiche Geste entgegenzubringen, aber zu anderen Zeiten mag sich eine solche Geste als gefährlich erweisen. Die besten Geschenke, die man machen kann, sind innere Geschenke wie das Spenden von Trost, Hoffnung und Freude.

Das Bewusstsein sollte wie ein Gral sein, denn das Wissen, das in diesen Gral einströmt, zieht immer mehr von dem erneuerten Christus in die Sphäre des Selbst. Gewiss ist es wahr, dass Gott dem Menschen keinen Stein gibt, wenn dieser ihn um Brot bittet.[86]

Denkt daher daran, dass konstruktive Bemühungen immer die notwendige Unterstützung bekommen – geistig, moralisch und materiell. Und je mehr der Mensch auf geistiger Ebene die höchste Bestimmung seiner Mission annimmt, desto größer wird die Unterstützung sein.

»Geben ist seliger denn Nehmen!«[87] Aber wenn die Menschen nichts empfangen, können sie auch nichts geben. Daher muss der der Seele zugeteilte Anteil als Gnade Gottes verstanden werden, die im großen Kausalkörper eines jeden Individuums deponiert wurde.

Wenn der Mensch fähig ist, das Gericht Gottes zu empfangen, kann er in Gnade und im Wissen um die Wahrheit wachsen. Und morgen kann er ein größerer Diener sein als er heute ist, indem er das, was er empfangen hat, vervielfacht. Dieser ständige Fluss der Gnade Gottes durch sein Wesen ist überaus wichtig. Denn wenn der Mensch nur einen Eingang und keinen Ausgang hat, wird er schließlich zu einem Parasiten im Körper der Welt werden.

Der Grundstein des Tempels muss gelegt werden, während das Bewusstsein in Bereitschaft ist. Dies wird erreicht, wenn derjenige, der nach Gottes Willen sucht, tut, was immer notwendig ist, um das Reich Gottes sowohl im Innern wie im Äußeren zu verwirklichen.

Der Mensch muss seine Energie mit göttlicher Liebe ausformen so wie die pulsierende Freude Gottes die gesamte Mutter Natur lebhaft umgarnt, so dass sie ihre Wunder wirken kann. Ihre Wunder der vorübergehenden Wirklichkeit werden unsterblich gemacht, selbst wenn sie wiederverwertet werden.

Der geistige Austausch zwischen Gott und dem Menschen

Gleichermaßen wird das Individuum eines Tages die wahre Bedeutung seines Lebens im geistigen Austausch zwischen Mikro- und Makrokosmos erkennen. Durch diesen Prozess strömt die Allheit des Menschen in die Allheit Gottes ein, und die Allheit Gottes strömt in die Allheit des Menschen. Dies führt zu einem Austausch des Pulsierens der Identität, der die Seele verwandelt, während sie sich in freudiger Demut vor dem lebendigen Gott verneigt.

Wahrlich: »Er stößt die Gewaltigen vom Stuhl und erhebt die Niedrigen.«[88] Wahrlich: Der lebendige Gott wird in jedem Atom gekrönt. Wahrlich: Jeder Mensch ist der Sohn des Ewigen Einen. Schreitet daher im Verständnis dessen voran, was ihr sein könnt. Denn aus der Erwartung der Hoffnung wird der Glaube geboren, der die Grenzen des Selbst etabliert, in dem die Barmherzigkeit wohnt.

Wenn die Bedeutung wahrer Liebe erkannt wird, erschafft sie von Neuem jenen höchsten Augenblick, in dem die unschuldige Seele in göttlichem Erstaunen ausrief: »Ich bin, o Gott, weil du bist!« So sehen wir die Elemente von Identität, Intelligenz, Macht und Liebe sich zu der Einheit vereinen, die Gott ist.

Ich verbleibe siegreich

Lanto

9

»Es spielt keine Rolle!«

*So wie ein Wassertropfen nicht an einem Lotusblatt
hängen bleibt und so wie eine Lotusblume
nicht durch das Wasser beschmutzt werden kann,
so hängt der Weise an nichts – nicht am Gesehenen,
Gehörten oder Gedachten.*

Gautama Buddha[89]

»Es spielt keine Rolle!« Wenn ihr das über unvermeidbare Umstände sagen könnt und euch vorbehaltlos Gott zuwendet, beginnt ihr wirklich der Knechtschaft Ägyptens zu entkommen. (Denn Ägypten symbolisiert die materielle Schöpfung: Die Pyramide der Materie steht am ewig dahin fließenden Nil der Zeit, der sich durch die Wüste des Raumes windet.) Ihr spürt weder Kummer noch Leid, weil ihr nach besten Kräften euer Höheres Selbst gesucht habt und daran festhaltet, während ihr versteht, dass es notwendig ist, euer Gefühl der Selbstgerechtigkeit aufzugeben.

Wenn die feurige Welt des Heiligen Geistes den verkörperten Männern und Frauen in stärkerem Ausmaß offenbart wird, werden sie fähig sein, die wahre Bedeutung des Lebens zu verstehen. Dieses herrliche Reich besitzt Bewusstsein, während es materielle Formen, Primärsubstanzen und nachrangige Schöpfungen hervorbringt.

Jene, welche die feurige Welt wahrnehmen, sehen die Klassenzimmer der Erde, die geometrischen Ecken der Schöpfung, die endlosen Kreisläufe sich wiederholender Aktivitäten und die edlen Bestrebungen der triadischen Manifestierung. Und sie erkennen ihr inneres Bedürfnis, Kongruenz mit der Wirklichkeit herzustellen. Aber erst wenn sie verstehen, dass die Spannungen der spirituellen Entschlossenheit notwendige Verstärkungen beim Kampf zur Überwindung des Vorübergehenden sind, befinden sie sich auf dem Weg des Sieges. Deshalb müssen wir die Details des Kampfes festlegen, lange bevor wir in der Lage sind, ihn auch zu führen.

Freiheit von selbst auferlegter Knechtschaft

Eine der traurigsten Tatsachen der menschlichen Existenz ist, dass manche Menschen aufgrund ihrer eigenen Selbstüberschätzung und ihrer materialistischen Gefühllosigkeit die notwendigen Unterweisungen ablehnen, die es ihnen ermöglichen würden, ihre Freiheit nicht nur irgendwann in der Zukunft, sondern hier und jetzt zu gewinnen. Stattdessen lassen sie zu, dass sie in jener Knechtschaft gefangen bleiben, aufgrund derer ihr Glück immer wieder aus dem Kelch des Lebens geschüttet wird.

Aber der Himmel ist sowohl subjektiv als auch objektiv. Daher ist der Ruf ergangen, dass jene, die jetzt die Ersten sind, später die Letzten sein werden und dass die Letzten die Ersten sein werden.[90]

Mögen die Menschen dafür sorgen, dass sie der Krone ihres Frohlockens nicht verlustig gehen.[91] Das temporäre Leben kennt keine Garantien und kann jederzeit beendet werden. Der Erwerb geistiger Kraft und geistiger Wirklichkeit ist die einzige Tätigkeit, der die Seele nachgehen sollte.

Ohne zu verstehen, was sie tun, lehnen unzählige Menschen genau jene Aktivitäten des Heiligen Geistes ab, die ihren Seelen ein schnelles Wachstum ermöglichen würden. Stattdessen haben sie sich entschieden, sich an den Vergnügungsmärkten der Welt oder an parapsychischen Phänomenen zu ergötzen.

Es gibt ausreichend Belohnungen, die eine wahre Spiritualität mit sich bringt, um zu rechtfertigen, dass Menschen ihre Aufmerksamkeit auf die höheren Lehren richten. Wie der sprichwörtliche Topf Gold am Ende des Regenbogens haben diese Lehren seit je Menschen zum Gold ihres Höheren Selbst hingezogen. Und ich bin mir sicher, dass ihr alle wisst, dass nicht alles Gold ist, was im Feld der sogenannten Esoterik glänzt. Aber beten müsst ihr, wenn ihr frei von eurer selbst auferlegten Knechtschaft sein wollt. Und indem ihr dies tut, erkennt ihr, welches Potenzial ihr besitzt, um den Nationen die unsterbliche Freiheit zu bringen.

Die Welt hungert nach persönlicher und geistiger Freiheit

Der Weg des Christus ist der Weg des Lebens, der Wahrheit und der Liebe. Er ist der Weg des Glaubens, der Hoffnung und der Barmherzigkeit. Die aufgestiegenen Meister sind nicht tot. Gott ist nicht tot. Die Hoffnung ist nicht erloschen. Und selbst in des Menschen dunkelster Stunde ist die Freiheit nicht tot, solange die Freiheit, die Schwingung der Tugendhaftigkeit, der Tapferkeit und des Emporstrebens hervorzubringen, in der Seele beständig weiterlebt.

Rede-, Religions-, Presse- und Versammlungsfreiheit sind notwendig, damit Gott und die Menschen die Möglichkeit haben, den lebendigen Christus der Welt zu offenbaren. Außerdem muss der Mensch in der Lage sein, das Brot des Wissens zu verteilen, damit er das Brot des Wissens um das wahre Selbst mit der Menschheit brechen kann.

Dort, wo diese Freiheiten durch Gesetze eingeschränkt sind oder wo Menschen von jenen verfolgt werden, die glauben, Gott zu dienen, indem sie den Fluss der höchsten Wahrheit einschränken, sind Millionen ihres rechtmäßigen Erbes beraubt. Aus diesem Grund haben sich die aufgestiegenen Meister bemüht, in den amerikanischen Traum den Traum von der Freiheit einzufügen, die alle Nationen anstreben sollten und anstreben können. Denn die Menschen der Welt hungern nach persönlicher Freiheit ebenso sehr wie nach geistiger Freiheit.

Die Menschen haben keine loyaleren oder ihnen treuer ergebenen Freunde als die aufgestiegenen Meister. Aber wir bekennen auch unsere Freundschaft zu den Heerscharen der Patrioten, die jetzt noch im Schleier des Fleisches als Diener Gottes und Freunde der gesamten Menschheit leben. Diese werden nicht zulassen, dass sie wie Spreu im Wind verweht werden.[92]

Diese Patrioten bestehen auf der Würde ihres Wertes, ihres Dienstes, ihres Lebens und jener Bestrebungen, die Gott zur Freude aller erschaffen hat. Sie sehen das Gefäß des kleinen Lebens als entbehrlich an, denn sie wissen, dass ihnen die größte Kraft aus der Hinwendung zu spirituellen Zielen erwächst.

Entscheidet euch für befreiende Freundschaften

Materie und Substanz verändern sich. Das individuelle Bewusstsein wird durch planetarische Umstände, durch Erziehung, Familienbeziehungen und ökonomische Faktoren, durch seinen Intelligenzquotienten und durch seine Beziehungen zu anderen Menschen geprägt und verändert. Also bedenkt die Bedeutung der Warnung, eure Freunde mit Vorsicht zu wählen.

Wenn einige eurer Freunde euch gegen Gott aufzuwiegeln versuchen, wenn ihre Gedanken euren Seelenfrieden stören, wenn sich ihre Handlungen ständig im Kampf gegen euren Geist befinden, dann müsst ihr euch, ganz unabhängig davon, wie nah sie euch auch stehen mögen, die folgende Frage stellen: »Im Namen des Allmächtigen Gottes, sollen diese Freunde ein ständiger Teil meines Lebens bleiben, oder sollte ich Platz schaffen, für befreiendere Freundschaften?«

Nur ihr könnt entscheiden, welchen Kurs ihr einschlagen wollt. Aber ihr tätet gut daran, euch an die Worte zu erinnern, die Jesus vor so langer Zeit sprach: »Wer Vater oder Mutter mehr liebt denn mich, der ist mein nicht wert; und wer Sohn oder Tochter mehr liebt denn mich, der ist mein nicht wert.«[93]

Wenn aber der Christus bestrebt war, das Leben der Menschen zu retten, warum würde er sie dann auffordern, für ihn ihr Leben und das ihrer Familien aufzugeben? Es stellt sich schlicht und einfach folgende Frage: Was ist wirklich und was ist unwirklich?

Hingabe an Gott bedeutet Leben – nicht Tod

Das Bild Christi, das jedem Menschen von Gott geschenkt wurde, ist wirklich. Das Selbst, das verneint werden muss, ist unwirklich. Das unwirkliche Selbst strebt danach, das Leben des wirklichen einzuschränken und es in Knechtschaft zu halten. Und aus diesem Grund kann Ismael, der Sohn der Hagar, der Magd, nicht mit dem Sohn der Verheißung verglichen werden.[94]

Der Altar des Seins in der Welt der Form ist der Dreschboden des Allerhöchsten. Das Dreschen des Korns ist die Kasteiung durch Gott, durch die das reine Gold der Seele verfeinert und an die Oberfläche gebracht wird, damit es im Schatzhaus der Wirklichkeit gespeichert werden kann. Viele, die etwas über die Wirklichkeit lesen, erkennen nicht ihre Verantwortung, das Beste aus den Möglichkeiten zu machen, die ihnen das Leben in dieser und in anderen Verkörperungen bietet.

Hingabe an Gott bedeutet Leben, nicht Tod. Hingabe ist die Seligpreisung der Seele. Sie bedeutet Hoffnung. Sie gleicht den Schwingen, die den Geist in die Leichtigkeit der himmlischen Wirklichkeit tragen. Dort ist keine Leere. Die Bewohner des Kosmos in all ihrer strahlenden Wirklichkeit – die Geister, die uns zur Seite stehen, die Engel, die kosmischen Wesen und die kosmischen Meister –, sie alle bieten als höhere Verwandte der Menschen ihre Gaben der ewigen Süße an, um die Seelen der Menschen zu läutern und sie aus der Knechtschaft zu befreien.

Was für eine wunderbare Schule der Planet Erde doch ist! Wie freudig können die Menschen doch selbst inmitten ihres Unglücks, wenn lange Schatten auf ihrem Weg liegen, in sich hineinlachen.

Die Menschen müssen lernen, ihre menschliche Knechtschaft abzuwerfen und sie als Feind zu betrachten. Sie müssen das Klammern des kleinen Selbst als etwas Furchterregendes erkennen, da es sie in nur einem Augenblick in einem Meer des Leids ertränken kann. Andererseits ist die Rettungsleine des Höheren Selbst bereits geworfen worden. Und die ewige Gegenwart wartet, während der Vater den verlorenen Sohn des kleinen Selbst in den sicheren Hafen seiner ewigen Größe zieht.

Eine geistige Wiedergeburt

Gleich, ob jemand seinen Sieg gestern errungen hat, dies heute tut oder in naher Zukunft tun wird, wenn der Sieg kommt, ist er immer das lang ersehnte Ergebnis der ewigen Evolution der Seele. Und in einem sehr realen Sinn bedeutet er eine geistige Wiedergeburt.

»Es war aber ein Mensch unter den Pharisäern mit Namen Nikodemus, ein Oberster unter den Juden.

Der kam zu Jesu bei der Nacht und sprach zu ihm: Meister, wir wissen, dass du bist ein Lehrer von Gott gekommen; denn niemand kann die Zeichen tun, die du tust, es sei denn Gott mit ihm.

Jesus antwortete und sprach zu ihm: Wahrlich, wahrlich, ich sage dir: Es sei denn, dass jemand von Neuem geboren werde, so kann er das Reich Gottes nicht sehen.

Nikodemus spricht zu ihm: Wie kann ein Mensch geboren werden, wenn er alt ist? Kann er auch wiederum in seiner Mutter Leib gehen und geboren werden?

Jesus antwortete: Wahrlich, wahrlich ich sage dir: Es sei denn, dass jemand geboren werde aus Wasser und Geist, so kann er nicht in das Reich Gottes kommen.

Was vom Fleisch geboren wird, das ist Fleisch; und was vom Geist geboren wird, das ist Geist.

Lass dich's nicht wundern, dass ich dir gesagt habe: Ihr müsset von Neuem geboren werden.

Der Wind bläst, wo er will, und du hörst sein Sausen wohl; aber du weißt nicht, woher er kommt und wohin er fährt. Also ist ein jeglicher, der aus dem Geist geboren ist.

Nikodemus antwortete und sprach zu ihm: Wie mag solches zugehen?

Jesus antwortete und sprach zu ihm: Bist du ein Meister in Israel und weißt das nicht?

Wahrlich, wahrlich ich sage dir: Wir reden, was wir wissen, und zeugen, was wir gesehen haben; und ihr nehmt unser Zeugnis nicht an.

Glaubet ihr nicht, wenn ich euch von irdischen Dingen sage, wie würdet ihr glauben, wenn ich euch von himmlischen Dingen sagen würde?

Und niemand fährt gen Himmel, denn der vom Himmel herniedergekommen ist, nämlich des Menschen Sohn, der im Himmel ist.

Und wie Mose in der Wüste eine Schlange erhöht hat, also muss des Menschen Sohn erhöht werden, auf das alle, die an ihn glauben, nicht verloren werden, sondern das ewige Leben haben.

Also hat Gott die Welt geliebt, dass er seinen eingeborenen Sohn gab, auf dass alle, die an ihn glauben, nicht verloren werden, sondern das ewige Leben haben.

Denn Gott hat seinen Sohn nicht gesandt in die Welt, dass er die Welt richte, sondern dass die Welt durch ihn selig werde.

Wer an ihn glaubt, der wird nicht gerichtet; wer aber nicht glaubt, der ist schon gerichtet, denn er glaubt nicht an den Namen des eingeborenen Sohnes Gottes.

Das ist aber das Gericht, dass das Licht in die Welt gekommen ist, und die Menschen liebten die Finsternis mehr als das Licht; denn ihre Werke waren böse.

Wer Arges tut, der hasst das Licht und kommt nicht an das Licht, auf dass seine Werke nicht gestraft werden.

Wer aber die Wahrheit tut, der kommt an das Licht, dass seine Werke offenbar werden; denn sie sind in Gott getan.«[95]

Die Worte bedeuten, dass der Mensch nicht nur der Erde angehört, sondern dass er auch das Ergebnis seiner himmlischen Bestrebungen ist.[96]

Identifiziert euch mit den Hoffnungen Gottes

Gott hegt große Hoffnungen für die Seele. Der Mensch muss sich mit den Hoffnungen Gottes identifizieren. Dann wird die Totenglocke des endlichen Selbst keinen traurigen Klang erzeugen, sondern wie das Läuten einer großartigen Glocke der Seele ein Lied in den Kadenzen der Unsterblichkeit singen.

Durch diese Kadenzen wird der Mensch zur Erkenntnis der goldenen Bedeutung der Wirklichkeit gelangen, und die Offenbarungen unbekannter Welten werden ebenfalls die seinen sein. Die Meilensteine des Wirklichen, die sich wie eine endlose Allee wunderschöner Bäume in die Ferne erstrecken, weisen den Weg von den gegenwärtigen Umständen zu den Füßen der Wirklichkeit, zum Regenbogen des Aufstiegs und dem Allerheiligsten Geist, wo der Mensch mit dem Leben gekrönt wird, das Gott ist.

Ich, der ich früher einmal Franz von Assisi war und die Erde, das Meer und den Himmel liebte, verbleibe als euer Bruder, der auf das Beste in euch hofft.

Ich zeichne schlicht und
einfach wie früher als

Franz

10

Die Bildung des Herzens

Doch ich bin noch sehr jung … Verleih daher deinem Knecht ein hörendes Herz.

Salomo[97]

Der Gedanke an das, was möglich ist und was erreicht werden kann, sollte im Geist und Herzen des Menschen wohl gehütet werden. All jene, die dazu neigen, immer wieder negative Vorstellungen über sich selbst oder ihre Zukunft zu akzeptieren, lassen am Baum ihres Lebens die Früchte der Negativität wachsen. Aber ein Geist, der Weisheit erlangt und sie akzeptiert hat, wird die Notwendigkeit erkennen, aus der Gegenwart des Lebens die von Gott gegebene Gabe seiner eigenen Wirklichkeit abzurufen.

Die Realität unbegrenzter Möglichkeiten gewährt dem Individuum ein Gefühl der Hoffnung. Und dieses Gefühl der Hoffnung setzt Selbstvertrauen an die Stelle, wo früher einmal das Gefühl der Mühsal und Plackerei herrschte. Einer, der seine Hoffnungen wahrhaft auf Gott richtet, auf seine mächtige ICH-BIN-Gegenwart, ersetzt das Gefühl des Überlebenskampfes durch ein neu gefundenes Verantwortungsbewusstsein, das aus dem Glauben an seine letztendliche Bestimmung geboren wurde.

Das Karma, das Gesetz des Kreislaufs, bringt das zurück, was man ausgesendet hat. Kontrolle über das Karma wird am besten dadurch erlangt, dass man innerhalb gegebener Umstände sich der besten Möglichkeiten bewusst ist. Daher ist die richtige Art der geistigen Erziehung der entscheidende Faktor im sich entwickelnden Schicksal des Menschen.

Bloße Tradition ist keine Grundlage für Wahrheit

In vergangenen Tagen wurde der Begriff »leeres Geschwätz« auf fragwürdige und zweifelhafte Lehren angewendet. Selbst heute existiert die Tendenz, weitgehend unbekannte Quellen der tiefsten Wahrheiten leichthin zu verwerfen. In diesen Tagen der Mühsal, in denen die Finsternis der gebildeten Unwissenheit die Welt bedeckt, ist es für die Menschen leicht, sich im unangebrachten Glauben den seit alters her etablierten Organisationen zuzuwenden, deren einzige Rechtfertigung ihrer Integrität in ihrer Langlebigkeit besteht. Aber die Zeit kann niemals Unwissenheit in das Gewand der Wahrheit kleiden.

Wir geben zu, dass einige der alten Organisationen die Wahrheit unverfälscht über die Jahrhunderte bewahrt haben. Einige wenige haben ihr sogar die neueren Offenbarungen des Göttlichen hinzugefügt, für die der Himmel selbst bürgt.

Aber wir möchten darauf hinweisen, dass in diesem Zeitalter viele derjenigen, die humanitäre und religiöse Institutionen leiten, der ursprünglichen Liebe derer Begründer verlustig gegangen sind. Sie haben sich den Trugbildern der Welt zugewandt, die sowohl gegen Christus als auch gegen Gott gerichtet sind und daher auch gegen unsere Bestimmung und gegen das Geistige. Eine evolutionäre Methode, die sich ausschließlich auf die Notwendigkeit des gesellschaftlichen Fortschritts konzentriert und die ihren Wert an der Kurzsichtigkeit der Lebensspanne des sterblichen Menschen misst, trägt nur selten etwas zur fortschreitenden Wirklichkeit des unbegrenzten Menschen bei.

Weder kann Dunkelheit Licht erzeugen noch Licht Dunkelheit. Denn das Wesen des einen ist die dynamische Vitalität des Lebens, während das Wesen des anderen der traurige Schatten des Nihilismus ist.

Direktes Verständnis von Gottes Geist

Frohlockt nun, denn eure Erlösung steht kurz bevor! Sie ereignet sich dort, wo das gebildete Bewusstsein in Kontakt mit dem Geist Gottes kommt. Aber Bildung, die ausschließlich von dieser Welt ist und auf den sich verändernden Prinzipien des menschlichen Verständnisses über das materielle Universum beruht, kann niemals als dauerhafte Hoffnung einer tieferen Betrachtung standhalten. Auch wird Bildung nicht notwendigerweise das Bewusstsein auf eine neue Stufe heben.

Wir, die wir auf unserer Suche nach der ewigen Wahrheit standhaft sind und uns nicht beirren lassen, laden euch ein, die Quelle eures Wissens und eurer Überzeugungen unter dem Gesichtspunkt zu untersuchen, herauszufinden, was in eurem Bewusstsein wirklich und was nicht wirklich ist. Denn nur wenn ihr das tut, werdet ihr die Wirklichkeit erkennen können, die wir im Einklang mit eurem Höheren Selbst entfalten werden.

Jene inneren Erfahrungen, welche die Nebenprodukte des Kontakts der Seele mit der universellen Wahrheit sind, werden die disharmonischen Stimmen der Welt zum Verstummen bringen. Und sie werden jenen Frieden offenbaren, der durch Zwiesprache mit dem göttlichen Willen erlangt werden kann.

Manche Menschen verstehen nicht, dass es für das Göttliche niemals genug ist, das Schicksal des Menschen festzulegen oder zu planen. Der Mensch muss sich am göttlichen Willen ausrichten – und zwar durch seine bereitwillige Zustimmung und seine aktive Umsetzung dieses Willens.

Das Leben wird durch den Geist Gottes gemeistert

Wenn Kain die Zartheit in der Beziehung zwischen Abel und Gott wahrgenommen hätte, hätte er dieselbe Beziehung zwischen sich und Gott herstellen können. Er hätte Abel nicht ermordet, der sich mit dem Christus vermählt hatte. Und wie in Abel so wäre auch in ihm das Wissen um die Wirklichkeit Gottes verherrlicht worden.

Kains Erfahrungen im Labyrinth des menschlichen Bewusstseins boten Gelegenheit, ein Gefühl der Gleichheit unter Brüdern vor dem Angesicht Gottes zu erlangen. Aber Kains Sicht war nicht die Sicht Gottes. Im Gegensatz zu Abel akzeptierte er seinen eigenen göttlichen Besitz nicht.[98] Und wie es so häufig der Fall ist, entschied sich der, dem die Gelegenheit gegeben wurde, dazu, seine Handlungen auf ein falsches Minderwertigkeitsgefühl zu gründen.

»Siehe, ich komme bald; halte, was du hast, dass niemand deine Krone nehme!«[99] Diese Mahnung aus der Heiligen Schrift weist auf die souveräne Verantwortung des Menschen hin, sein Licht zu schützen. Denn die Fürsten und Mächte der Finsternis versuchen immer wieder, sein Wesen zu berauben. Zudem rufen sie in ihm Neid auf andere hervor und bringen ihn dazu, vor Wut zu kochen und zum Opfer der Verletzungen zu werden, die er sich selbst beigebracht hat.

Der Schlüssel zum Reich des Göttlichen liegt im eigenen Höheren Selbst, nicht in dem von anderen. Jeder emotionale Aufruhr, bei dem die Persönlichkeit aufgrund eines verzerrten Minderwertigkeitsgefühls einen anderen Teil des Lebens angreift, ruft eine karmische Reaktion hervor, die den eigenen spirituellen Fortschritt noch weiter verzögert.

Jesus sagte: »Suchet in der Schrift; denn ihr meinet, ihr habet das ewige Leben darin; und sie ist's, die von mir zeuget.«[100] Kein Mensch kann allein durch bloße Wiederholung der göttlichen Buchstaben des Wortes das Leben erben oder es meistern. Das Leben wird durch den Geist der Wahrheit gemeistert, der dem Menschen von Anbeginn an eingepflanzt worden ist. Seine Abkehr von diesem Geist, seine Abkehr vom göttlichen Bild und seine Hinwendung zum Gefühl, um sein Überleben kämpfen zu müssen (woraus der Kampf erst entsteht), ist der Ursprung einer jeden ungeschulten Handlung.

Liebe, Weisheit und Macht in perfektem Gleichgewicht

Wahre Bildung ist Bildung des Geistes. Denn durch den Geist Gottes lernt der Mensch über sich selbst durch universelle Prinzipien zu herrschen – durch Liebe, Weisheit und Macht in perfektem Gleichgewicht. Wenn der Mensch die Notwendigkeit erkennt, etwas zu dieser universellen Dreiheit beizutragen, muss er täglich danach streben, die Gesamtheit seines Wesens und seine Beziehung zum Ganzen und zu seinen Teilen zu erkennen.

Wenn dies vollbracht wurde, werden die Bezugsrechte des Individuums gegenüber dem universellen Geist zu einer Frage seiner Bilanz und seiner Verdienste. Sobald der Schüler seinen Platz im kosmischen Plan erkannt hat, wird die Goldene Regel zu etwas sehr Praktischem. Er sieht nämlich, dass es sinnlos ist, anders als vernünftig und gerecht zu handeln.

Die Kräfte des Bösen streben danach, den Menschen in die Komplexitäten des Denkens und Fühlens zu verstricken, um seinen Blick von der Einfachheit der Wirklichkeit und der universellen Gerechtigkeit abzulenken. Aus diesem Grund scheint Justitia in einer ungerechten und unwirklichen Welt im wahrsten Sinne des Wortes blind zu sein. Aber in Wirklichkeit ist sie es nicht.

Es ist nicht Gott, der korrigiert werden muss, sondern der Mensch muss von Gott korrigiert werden. Denn wir haben es mit dem universellen Prinzip der schöpferischen Flamme zu tun, mit dem elektromagnetischen Zwillingspulsieren, das die Entwürfe von Gottes Geist im Menschen in die Manifestierung zieht.

Fälscher der Wirklichkeit

Die sozialen Krankheiten unserer Zeit sind für all jene offensichtlich, die einen Moment über die Notwendigkeit nachdenken, die verschiedenen Kunstformen zu erneuern und sie einer Reinigung zu unterziehen. Es ist leicht zu sehen, warum Kunst, Musik, Bildhauerei, Theater und die Sprache selbst in diesem Zeitalter verfälscht worden sind. Denn sie sind der Hebel, mit dem das Bewusstsein der Jugend und der gesamten Rasse verzerrt werden kann und verzerrt wird.

In Wahrheit sind dies die Instrumente, die Gott dazu bestimmt hat, dem Menschen den Geist seiner Weisheit zu vermitteln. Sie sind die Medien, die dazu gedacht sind, die ewigen Wahrheiten von Gottes Geist den geistigen Sinnen des Menschen zu übermitteln.

Und sie dringen selbst zu einem unerwachten Bewusstsein durch.

Es ist also kein Wunder, dass die Fälscher der Wirklichkeit 24 Stunden am Tag damit beschäftigt sind, den Fluch des Nihilismus in das Gewebe der Kultur einzuweben. Im Gegensatz dazu empfehlen wir den Menschen die schlichten Freuden der Verwirklichung, nicht nur durch Andacht, sondern auch durch Anwendung der gesunden Gesetze Gottes, welche die Macht besitzen, das Herz zu bilden.

Trinkt vom Quell des Wissens

Jeder, der ein gebildetes Herz besitzt, wird erkennen, dass er zunächst sein Potenzial aufgrund seiner bisherigen Leistungen einschätzen muss. Dann muss er eine Einschätzung seiner Vorstellungskraft vornehmen – das heißt, seiner Fähigkeit, sich die Wirklichkeit vorzustellen. Durch seine Vorstellungskraft unter der Anleitung Gottes und der Gesetze der göttlichen Gerechtigkeit kann und soll der Mensch sich ein realistisches Ziel setzen, das innerhalb einer Lebensspanne erreicht werden kann.

Die Menschen dürfen die Gesetze der Weisheit nicht ignorieren. Jene, die von reinen Motiven durchdrungen vom Quell des Wissens trinken, werden – selbst im sogenannten hohen Alter – einen spirituellen Wissensschatz an sich ziehen, den sie in der nahen und fernen Zukunft gebrauchen können. Dies wird durch den Prozess des Sonnenmagnetismus erreicht, der geistige Gaben im Dunstkreis des persönlichen Selbst bereithält.

Das Leben ist kontinuierlich und im Glauben und der Hoffnung auf ein besseres Morgen liegt Magie. Aber diese Magie darf nicht in Kanäle des Zweifels und der Angst geleitet werden. Ihr dürft nicht zulassen, dass sie durch eine Rückschau auf die Vergangenheit und die damaligen Fehler zerstört wird. Wesen und Bewusstsein des Menschen müssen ihren Glauben an die universelle Bestimmung aufrechterhalten und erweitern und aus dem direkten Wissen um den göttlichen Plan schöpfen statt aus dem Wissen um den menschlichen.

Viele Formen des Selbstausdrucks müssen verändert werden, um dem göttlichen Ideal zu entsprechen. Der Mensch muss nicht nur bereit sein, dem göttlichen Willen zu entsprechen, er muss auch in der Lage sein, ihn zu fördern. Ein Herz, das sich dem Willen des Schöpfers verschrieben hat, ist ein freudiges Herz, das die Welt durch das Bewusstsein des Christus überwindet.

Weder die eigene Dynamik noch die von anderen sollte als Ausrede für die eigenen Fehler benutzt werden oder als Gewicht auf der Seele lasten. Die Seele muss frei sein, um vom Quell der Wahrheit zu trinken und zu erkennen, dass hinter der sichtbaren Welt eine unbegrenzte Welt meisterhafter Ursachen und ein Schatzhaus des göttlichen Geistes liegen.

Möge das Selbst diese Gaben und Gnaden beanspruchen, damit das Selbst den Willen, die Weisheit und was immer auch nötig sein mag aufbringen kann, durch das Licht zu siegen.

Den vielen Meisterschülern
in unserer Klasse rufe ich »Sieg!« zu.

Meru

11

Menschliche Launen und Stimmungen

Nichts soll dich ängstigen, nichts dich erschrecken.
Alles geht vorüber. Gott allein bleibt derselbe.
Alles erreicht der Geduldige, und wer Gott hat,
der hat alles. Gott allein genügt.

Teresa von Ávila[101]

Die Stimmungsschwankungen der Menschen sind eine prädominante Kraft, aufgrund derer Glück und Hoffnung vorübergehend am Felsen zerschmettert werden können. Wer aber die Stimmungsschwankungen verstehen und beherrschen lernt, versteht und meistert das Selbst auf höchst effiziente Weise.

Zuerst wollen wir darauf hinweisen, dass das Wort *Laune* mit dem Wort *Luna* für Mond in Verbindung steht und dass die lunare Kraft des Mondes, welche die Gezeiten beeinflusst, auch auf den Gefühlskörper des Menschen einwirkt und zu einer vorübergehenden Verzerrung seines emotionalen Wesens führen kann. Die Interaktion der Emotionalkörper von Menschen während der Ebbe und Flut positiver wie negativer Polaritäten und der Gegenüberstellung von Gut und Böse erzeugt lunare Felder in jenen, die sich mit parapsychischen Energien beschäftigen. Die Wirkung dieser Kraftfelder auf jene Menschen, die in ihren Bann geraten, kann mit der Wirkung des Mondes während seiner Zyklen verglichen werden.

Eines der Probleme mit den lunaren Einflüssen des Mondes besteht in der Neigung der Menschen, sich mit ihren Stimmungen zu identifizieren. Daher muss der Schüler des Lichts sich von der Welt der Launen und Stimmungen lösen. Er muss lernen, dass er die Gezeiten seiner Stimmungen umkehren und zum Meister seiner Gefühle werden kann, statt zu deren Sklaven, indem er sein Bewusstsein in Harmonie mit seinem göttlichen Wesen bringt.

Kultiviert ein Gefühl des Losgelöstseins vom Selbst

Unglücklicherweise sind ausgerechnet jene, die sich einer Selbstanalyse unterziehen, häufig nicht objektiv, wenn es um ihre eigene Persönlichkeit geht. Selbst Wissenschaftler, die über medizinische oder psychiatrische Kenntnisse verfügen, aber auch jene, die in Psychologie, Philosophie oder in den Natur- und Gesellschaftswissenschaften ausgebildet sind, sind nur selten in der Lage, ihre eigenen Probleme zu lösen. Das liegt daran, dass sie sich kopfüber in ihre subjektiven Gefühle hineinstürzen und jede Perspektive in den Dingen verlieren, an denen sie emotional beteiligt sind.

Daher raten wir euch, bewusst ein Gefühl des Losgelöstseins vom Selbst zu kultivieren, besonders während jener entscheidenden Phasen, wenn ihr euch gezwungen seht zu fragen: »Was wirkt in meiner Welt?« Wenn ihr jedes beliebige Problem so ansehen könnt, als ob es das Problem eines anderen wäre, werdet ihr erkennen, dass es euch weniger im Griff hat und dass ihr euch über den Abwärtssog eurer Stimmungen erheben könnt.

Euer Heiliges Christus-Selbst und euere geliebte Gottes-Gegenwart wollen unbedingt, dass ihr Meister eurer Welt werdet. Denn wenn euch dies gelingt, werdet ihr erkennen können, was in euch wirkt, wenn bösartige Kräfte – eure eigenen oder die anderer Menschen – versuchen, die fortschreitende geistige Glückseligkeit zu erschüttern, die ihr manifestieren wollt.

Wagt es, Gottes Willen zu tun

Wie wir bereits gesagt haben, behindert die menschliche Persönlichkeit den Kurs der höchsten Liebe, die sich durch das persönliche Labyrinth schlängelt, in dem die Identifikation mit der eigenen Persönlichkeit Schluchten geformt hat. Aber die höchste Macht ist die höchste Macht. Und die höchste Liebe ist die höchste Liebe. Beide sind fähig, die Uferböschungen der selbst auferlegten Begrenzungen zu überschwemmen. Dadurch wird der Weg für die läuternden Energien des Heiligen Geistes bereitet, welche die Seele überfluten.

Die Neigung der Menschen, sich mit dem kleinsten gemeinsamen Nenner des menschlichen Verhaltens zu identifizieren, sollte als dem göttlichen Prinzip entgegengesetzt verstanden werden. Und dabei spielt es keine Rolle, ob man sich mit den eigenen schlimmsten Taten identifiziert oder mit denen eines anderen.

Daher muss die Courage, den Willen Gottes zu tun, zum leidenschaftlichen Ruf des geistigen Menschen werden, der alle Hindernisse überwinden will – darunter auch die selbst gewebten Leichentücher der Negativität. Ein für alle Mal schreit die Seele auf: »Ich will frei sein!« Aber bei jeder neuen Herausforderung steht sie wieder vor einer scheinbar undurchdringlichen Tür, deren geheimnisvolles Äußeres dem Druck des hungrigen und durstigen Reisenden nicht nachgibt.

Sanftmut ist Güte und Stärke

Das Rad der Zeit hält niemand auf, denn das Gefährt der göttlichen Gelegenheit zieht weiter. Ein ausgewogenes Verständnis der göttlichen Liebe, Weisheit und Macht sollte in Zeiten persönlicher Krisen und gesellschaftlicher Unruhe stets aufrechterhalten werden. Dann kann die feurige Intensität des Kosmos die Hindernisse im Selbst und in der Gesellschaft verbrennen, ohne das sich entwickelnde Bewusstsein der Menschen dabei zu verzehren.

Aber dies wird sich nur dann erfüllen, wenn der Schüler in der Lage ist, beiseitezutreten und sich vor seiner eigenen mächtigen Ich-bin-Gegenwart zu verneigen. Achtsam auf des Messers Schneide der reinen Vernunft balancierend kann er dann die Flamme des Lebens im Interesse vieler unschuldiger Seelen bewahren.

Er ist in der Welt, aber nicht von der Welt. Und von diesem Gesichtspunkt aus erkennt er die Notwendigkeit, seine kosmischen Rechte gegen jene Kräfte zu verteidigen, die ihn und die gesamte Menschheit ihres göttlichen Erbes berauben will. Er weiß, dass die Kraft, die er für jeden Tag braucht, zu ihm kommen wird, wenn er als demütiger Diener-Sohn die Hilfe des Himmels erbittet.

Der Mensch, der wagt, den Willen Gottes zu tun, sollte dies aber nicht ohne Sanftmut tun. Denn die Sanftmütigen werden die Erde erben.[102] Die Art von Sanftmut, von der wir hier sprechen, zeichnet sich durch die Eigenschaft der Güte aus. Sie zeigt sich in jenen, welche die Quelle ihrer Kraft kennen und ihr Wissen nicht gegen andere Teile des Lebens einsetzen, sondern im Dienste der Befreiung aller.

Beherrscht eure Stimmungen durch göttliches Verständnis

Ich bin mir wohl bewusst, dass all diese Angelegenheiten oberflächlich betrachtet, recht simpel erscheinen. Und häufig sind Menschen, die unsere Anleitungen lesen, von deren Schlichtheit so verblüfft, dass sie ausrufen: »Aber das weiß ich doch längst!« Sie empören sich beinahe über unsere Methode, durch ständige Wiederholung zu lehren.

Aber lasst es mich noch einmal sagen: Es kommt nicht darauf an, was ihr wisst, sondern was ihr tut! Und wenn ihr das Gesetz wirklich kennt, verfügt ihr nicht nur über angesammeltes Wissen, besitzt nicht nur einen dicken Wälzer voller Wörter, die zum Teil im Gehirn gespeichert und zum Zwecke der sofortigen Abrufbarkeit computerisiert sind, sondern lebt in einem aktiven Zustand der Erkenntnis.

»Denn der Weisheit Anfang ist, wenn man sie gerne hört und die Klugheit lieber hat als alle Güter.«[103] Denn es ist die göttliche Erkenntnis, welche die individuelle Entfaltung der göttlichen Macht im bewussten Willen des Menschen möglich macht. Nur göttliche Erkenntnis garantiert dem Menschen, dass er in der Lage sein wird, die destruktiven Tendenzen in sich zu kontrollieren und sich schließlich von ihnen zu befreien.

Die Lehre von *Ahimsa* – Gewaltlosigkeit oder Harmlosigkeit gegenüber allem Leben – ist wahrlich ein Beispiel für den Glanz der manifestierten Christus-Natur. Aber so wie Erzengel Michael und der Herr Jesus Christus nicht gezögert haben, in ihrer Konfrontation mit dem Bösen auszurufen: »Hebe dich, Satan, von mir!«[104], so darf auch der Schüler nicht zögern. Wenn er erkennt, dass er von den Mondphasen beeinflusst wird – vom Neumond, vom ersten Viertel, vom Vollmond und vom dritten Viertel –, sollte er diese lunaren Kräfte zurückweisen, die seinem wahren Wesen fremd sind. Er muss, wenn er frei geboren sein will, stets seine Launen und Stimmungen beherrschen, bevor sie ihn beherrschen.

Die Seele entgiften

Die Energien der Launen und Stimmungen dringen in die Hüllen der vier niederen Körper ein. Das ruft großes Unbehagen hervor – sowohl psychisch als auch körperlich –, weil die Nerven vorübergehend unter den Einfluss der Astralebene kommen. Um diesem Einfluss entgegenzuwirken, müsst ihr euch durch inbrünstiges Gebet ganz dem Heiligen Geist verpflichten. Rezitiert dynamische Dekrete und ruft die violette Flamme an, damit sie die vier niederen Körper umhülle. Dadurch wird das Bewusstsein unweigerlich vergeistigt werden – vorausgesetzt, es verlangt den Bittenden wahrhaft danach, eins mit Gott zu werden.

Manchmal ist nur ein Tempowechsel nötig, um das weitere Eindringen negativer Launen in die Psyche aufzuhalten. Häufig brauchen die vier niederen Körper nämlich Zeit, um sich vom Einfluss der Launen zu erholen. Wenn ihr von Zorn, Angst, Trauer, Groll oder einem unbestimmten Gefühl der Reizbarkeit überwältigt werdet, dringen vollkommen fremde Substanzen in die Seele ein. Der Seele muss daher Zeit gegeben werden, um diese Substanzen wieder loszuwerden, so wie sich auch der physische Körper entgiften muss.

Jene Menschen, die häufigen Stimmungsschwankungen unterworfen sind, werden generell als »launisch« bezeichnet. Viele von ihnen sind sogar stolz auf ihre Launenhaftigkeit, da sie das Gefühl haben, im Namen der Freiheit, ausdrücken zu können, was immer sie gerade wollen. Aber das kosmische Gesetz zeigt, dass das Gegenteil wahr ist. Natürlich haben sie das Recht zu tun, was sie wollen, aber das Geschenk des freien Willens darf niemals rücksichtslos gebraucht werden.

Die aufgestiegenen Meister, die älteren Brüder der Rasse, bemühen sich immer, ihren Schülern das Gleichgewicht des Christus zu vermitteln. Denn wir wissen nur zu gut, dass alle Kinder des Lichtes eines Tages mit der Welt hadern werden. Wenn diese Zeit kommt, ist es gut, eine gewisse Meisterschaft über die eigenen Energien entwickelt zu haben, damit sie in einem unachtsamen Augenblick nicht verloren gehen.

Wir sind davon überzeugt, dass die Fähigkeit, die eigenen Launen und Stimmungen zu beherrschen, entscheidend für die Meisterung des Selbst ist. Dadurch wird das Individuum dem Verständnis des Selbst und der Herrschaft über das Selbst näher kommen.

All zu häufig glauben selbst Schüler des Lichtes, sie könnten sich ihren Launen oder Tagträumereien hingeben, einfach weil dies eine Angewohnheit ist, die sie zu schätzen gelernt haben. Aber tatsächlich ist dies eine äußerst gefährliche Schwäche, denn das Spiel mit wechselnden Emotionen kann mit der Erschaffung eines für das Geistige aufnahmefähigen Bewusstseins verwechselt werden. Außerdem vermindert eine längere Beschäftigung der Psyche mit den Energien der Stimmungen in starkem Maße die Fähigkeit zur Christus-Unterscheidungsfähigkeit.

Wir empfehlen daher, dass der Schüler offen und empfänglich sein soll, dass er auf den Herrn warten soll und dass er sein Herz in einer »empfänglichen Stimmung«, wie wir es nennen würden, öffnen soll. In diesem Geisteszustand kann er in einen höheren geistigen Zustand hineingezogen werden.

Man sollte allerdings bedenken, dass menschliche Gedanken durch ihr Zirkulieren im menschlichen Bewusstsein nicht bereichert werden. Damit ein Gedanke oder Bewusstseinszustand seine Polarität verändern kann, muss er sich dem höheren Willen, der höheren Liebe und der höchsten Intelligenz des Geistes von Gott unterwerfen.

Läutert euren Verstand mit den Flammen Gottes

Zurückgebliebener Restmagnetismus in den unterbewussten Regionen des Verstandes kann geläutert und verändert werden, ohne dass er jemals an die Oberfläche des Bewusstseins kommen muss. Dies wird durch die Macht der Gebete und Dekrete erreicht, während der Bittende die violette Flamme der Umwandlung anruft. Diejenigen, die nie mit den Flammen Gottes experimentiert haben, um sich selbst zu verbessern und ihr Bewusstsein zu erhöhen, sollten diese Methode nicht kritisieren, bevor sie nicht mindestens sechs Monate damit experimentiert haben.

Aber selbst dann, wenn sie ihren spirituellen Lehrern nur halb so viel zugestehen würden wie sie dem Leben zugestehen, sollten sie sich überlegen, ob nicht vielleicht ihre Technik der Entwicklung bedarf oder ob nicht ihre Dichte zu groß ist, als dass sie in einer so kurzen Zeit überwunden werden könnte. Daher sollten sie auch weiterhin lernen und jene Gesetze Gottes anwenden, die den wissenschaftlichen Gebrauch der Flammen regeln – besonders den der violetten Flamme.

Jeder Tag ist für die Seele eine Gelegenheit, ein Element ihrer ewigen Meisterschaft zu erringen. Man steigt nicht in einem einzigen Augenblick von der menschlichen Oktave zur göttlichen auf, aber Stufe um Stufe kann man die goldene Treppe der Weisheit erklimmen.

Erforscht euch selbst, um zu zeigen, dass ihr euch vor Gott bewährt habt.[105]

Ich verbleibe euer Treuer

Lanto

12

Aktion und Reaktion

Ali war still und antwortete schließlich: »Ich habe keine Sehnsucht außer nach dem Einen. Kommt der Wind einer persönlichen Reaktion auf, so gebe ich ihm nicht nach. Es gibt viele Winde voller Zorn, Lust und Gier. Sie wehen den Müll umher, aber der feste Berg unseres wahren Wesens bleibt, wo er immer war.«

Rumi[106]

Wir müssen sowohl die Streuung als auch die Konzentration des Bewusstseins erörtern. Idealisten und spirituelle Sucher verstreuen häufig ihre Energien in alle Richtungen. Einige Leute konzentrieren ihre Aufmerksamkeit andererseits in einem solchen Ausmaß, dass sie vollkommen unempfänglich für neue Ideen oder gegenüber dem freien Austausch von Konzepten mit anderen werden.

Es ist logisch und vernünftig, seinem Bewusstsein bestimmte Grenzen zu setzen.[107] Denn sonst würde das mentale Gepäck ehemaliger vagabundierender

Gedanken nur zu leicht den notwendigen Rahmen durchbrechen, der erforderlich ist, um eine funktionale Handlungsfähigkeit aufrechtzuerhalten. Aber selbst dann muss man darauf achten, dass diese Grenzen keine übermäßige Rigidität erzeugen, welche die Aufnahmefähigkeit behindern könnte.

Seelenaffinitäten

Wenn wir die Akascha-Chronik eines Individuums anschauen, sehen wir häufig, dass sich bestimmte Seelen ausschließlich aufgrund ihres gemeinsamen Karmas zueinander hingezogen fühlen. Einer der weisesten Meister aus alter Zeit, Sri Magra, sagte einmal: »Affinitäten sind die ›feinen Verbindungen‹, die im vollkommenen Gleichgewicht des Herzens geknüpft werden, wo die natürliche Zuneigung durch ein Gefühl des Entzückens beim Geben und einen wunderbaren Zustand der Empfänglichkeit verstärkt werden.«

Mögen sich also die Seelen nach ihrer höchsten Berufung in Gott zueinander hingezogen fühlen. Mögen sich großmütige Herzen im gemeinsamen Dienst vereinen. Denn ihr Entzücken ob der Gesetze Gottes kann die karmischen Umstände überwinden, die sie sonst in Konkurrenz zueinander stellen würden.

Fehlerhafte Kommunikation erzeugt Missverständnisse

Der missliche Zustand des menschlichen Egos und sein Gefühl, anderen Egos verpflichtet zu sein, zerstört häufig wunderbare Freundschaften, bevor sie überhaupt entstehen können. Dies gilt immer dann, wenn ein Zusammenbruch der Kommunikation zu Missverständnissen führt. Zwar sind derartige Missverständnisse zugegebenermaßen eine Farce – und niemand sollte anderen deswegen böse sein –, aber uns ist schon häufig die menschliche Neigung aufgefallen, in jedem Zeitalter die schlechtesten Beispiele statt der besten nachzuahmen.

Der Verfasser der Psalmen beobachtete die sinnlosen Aktivitäten der Menschen und fragte: »Warum toben die Heiden, und die Völker reden so vergeblich?«[108] Und tatsächlich, was könnt ihr dagegen tun, wenn die Menschen darauf bestehen, ihren Willen durchzusetzen?

Ein ungeratenes Kind erkennt nur selten, warum es handelt, wie es handelt, und es weiß auch nicht, warum das Leben darauf in bestimmter Weise reagiert – warum das Karma zu ihm zurückkehrt. Wir sind daher sowohl mit einer Aktion als auch mit einer Reaktion konfrontiert. Im Laufe eines Tages sorgen die Menschen ständig dafür, dass bestimmte Dinge geschehen – es sei denn, sie würden in ihrer anmaßenden Neutralität von jedem Windstoß mal hierhin und mal dorthin getrieben.

Überwindet gewohnheitsmäßige Reaktionen

Der ewige Gott möchte dem fortgeschrittenen Schüler helfen zu verstehen, dass er nach besten Kräften auf dem Weg der Ganzheit im ganzen Körper Gottes bleiben muss, wenn er zu einem Hauptakteur des Universums, zu einem Teil des Heiligen Geistes, werden will. Das bedeutet, dass er nicht auf die Handlungen anderer reagieren darf.

Das Dhammapada, eine Sammlung der Lehren des Buddha, hallt wider vom Wehklagen der Menschen: »›Er misshandelte mich, er schlug mich, er besiegte mich, er beraubte mich‹ – wer solche Gedanken hegt, in dem wird der Hass niemals erlöschen.«[109] Im Laufe der Jahrtausende haben Menschen immer wieder ihre Beschwerden gegen andere Teile des Lebens vorgebracht. Wir hegen keinen Zweifel, dass viele dieser Beschwerden auf Ungerechtigkeit zurückzuführen sind, aber wir glauben auch daran, dass das Glück immer am wichtigsten ist. Der Buddha sprach: »Spricht oder handelt ein Mensch mit reinen Gedanken, so folgt ihm das Glück wie ein Schatten, der ihn niemals verlässt.«[110]

Wenn jemand es zulässt, dass er ständig leidet, weil er sich als Opfer der Handlungen anderer fühlt, dann liegt das häufig daran, dass seine eigenen Reaktionen eine Reaktion in den anderen ausgelöst haben. Wenn jemand sich an eine Atmosphäre des Beherrschens und Beherrschtwerdens gewöhnt, wenn er anderen seinen Willen aufzwingt und diese ihm wiederum ihren Willen aufzwingen, erkennt er weder seine eigene Freiheit, noch ist er fähig, anderen Freiheit zu gewähren.

Daher besteht der größte Schritt, den ein Schüler machen kann, darin, aufzuhören, auf die vermeintlichen Fehler anderer zu reagieren. Es ist schon schlimm genug, dass ein Mensch überhaupt Fehler macht, aber wenn ihr diesen Fehlern noch eure eigenen hinzufügt, dann habt ihr eine ziemlich komplizierte Situation. Normalerweise lassen sich derartige Situationen nicht leicht beheben. Die sensibleren Seelen unter den Menschen fühlen sich häufig durch unbedachte Äußerungen anderer Menschen oder in gewissen Fällen auch durch sorgsam formulierte Bemerkungen, die missverstanden wurden, verletzt.

Leben inmitten verstörender Umstände

Das Leben erfordert außerordentliche Sorgfalt. Ist sich jemand seines Selbst gewahr, während er sich des Selbst der anderen gewahr ist, muss er die Tugend der vollkommenen Ausgewogenheit stets im Herzen tragen, besonders inmitten verstörender Umstände. Rudyard Kipling hat es so schön beschrieben: »Wenn du den Kopf bewahrst, da rings die Massen längst kopflos sind und geben dir die Schuld … Dein ist die Erde dann mit allem Guten.«[111]

Wie Lanto im vorangegangenen Kapitel erklärte, hat der Einfluss des Mondes großen Anteil an verstörenden Situationen. Seine Anziehungskraft wirkt häufig gerade auf jene am stärksten, die sich weigern, dies anzuerkennen. Viele Menschen ziehen aufgrund ihrer unreinen Gefühle, die sie an die Astralebene binden, die lunaren Schwingungen an. Diese Ansammlung negativer Energie kann leicht dazu führen, dass ein fragiler innerer Friede durch Nichtigkeiten erschüttert wird. Wenn ihr »einen klaren Kopf bewahrt«, könnt ihr den göttlichen Plan für andere Menschen unterstützen, indem ihr euch davor schützt, unerwünschte Einträge in eurem Buch des Lebens anzusammeln.

Wie glücklich ihr euch doch schätzen könnt, dass wir euch diese Einsichten vermitteln. Wie wunderbar, dass wir den Schleier durchdringen können, wie wir es hier tun. Wir beraten und führen euch von unserer Ebene aus sowohl in einfachen wie tiefgehenden Dingen, um euch dabei zu helfen, euch selbst zu verstehen und euch selbst zu beherrschen.

Die goldene Lilie vergolden

Ihr wäret überrascht, da bin ich mir sicher, wenn ihr die Aufzeichnungen der Milliarden Lebensflüsse sehen könntet, die sich auf Erden entwickeln, und feststellen würdet, wie viele wahrhaft wunderbare Menschen zulassen, dass sie von ihren eigenen leichtsinnigen und nutzlosen Ausdrucksformen geplagt werden. Und währen sie aufrichtig und ihr würdet sie fragen, was sie in den Zeiten des Stresses vom Leben bekommen, dann würden sie vermutlich antworten: »Nichts.«

Aber dem stimmen wir nicht zu. Denn was sie tatsächlich bekommen ist missgestaltete Energie, die sich wie ein Bleigewicht in die Waagschale des Lebens legt. Diese Energie wirkt den Tugenden entgegen, die sie bereits zum Ausdruck gebracht haben und die sie auch weiterhin in ihrem Leben ausdrücken sollten. Ein Mensch, der mit seiner Energie leichtfertig umgeht, bringt nicht nur die Gegenwart, in der er lebt, in Gefahr, sondern auch die Zukunft, in der er zu leben hofft.

Die Menschen schreien, dass sie Gott gefällig sein wollen. Sie schlagen sich an die Brust, und sie schwören voll feuriger Inbrunst, dass sie niemals wieder vom Gesetz ihres Seins abweichen werden. Aber die Fakten sprechen eine andere Sprache: Alte verkrustete Impulse ziehen meistens noch mehr von ihrer Art in eure Welt. Sie ziehen das ansonsten schwimmfähige Gefährt des Selbst in die Stromschnellen des Lebens, wo Erfahrungen zu einem Strudel wirbelnder Energien werden und eine Bewegung erzeugen, die zu schnell ist, um noch stabilisiert werden zu können.

Dann, in höchster Verzweiflung, greifen die Menschen zu untauglichen angeblichen Allheilmitteln. Dazu gehören gefährliche Drogen, sexuelle Ausschweifungen, der Gebrauch von Rauschmitteln, Gewaltexzesse oder die Zurschaustellung des Egos, um Bewunderer anzuziehen.

Das hieße aber, die goldene Lilie noch mit Gold zu überziehen. Das verdirbt nicht nur die natürliche

Schönheit der Blume, sondern bindet auch Energie. Würde dieser Energie gestattet, von innen heraus frei zu fließen, würde sie auf ganz natürliche Weise die Knospe des Selbst in Oktaven der Schönheit und Überlegenheit öffnen, so dass in all jenen, die ihr Leben in Ordnung bringen wollen, die edelsten Ausdrucksformen hervortreten würden.

Handelt inspiriert durch Gott

Wir fordern euch auf, sorgsam über die Gefahren des Reagierens nachzudenken. Die einzige sichere Reaktion auf äußere Angelegenheiten besteht darin, aufgrund der Inspiration von oben und von innen zu handeln.

Reagiert freudig auf die positiven Energien, die aus dem Quell der Wahrheit in eure Welt strömen. Die Zusammenarbeit mit den Energien des Lebens wird schließlich an die Stelle der Reaktionen auf negative Reize treten, die hitzige und sinnlose Kämpfe hervorrufen.

Wir bieten dem aufsteigenden Sohn eine Vision erneuerter Hoffnung. Fortschritt wird am besten gemacht, indem die Ausbreitung von Fehlern vermieden wird und indem die gesamte Energie in einen weiten Kanal herrlicher geistiger Errungenschaften gelenkt wird. Diese Praxis wird die göttliche Entwicklung verstärken und euch jedes eurer Bedürfnisse erfüllen.

So wollen wir denn miteinander sagen:
»Ich bin – zum Glück!«

Kuthumi

13

Der verborgene Mensch des Herzens

In der Mitte des Palastes des Brahmans, in unserem eigenen Körper, existiert ein kleiner Schrein in der Form einer Lotusblüte, und in ihm befindet sich ein kleiner Raum. Wir sollten herausfinden, wer dort wohnt, und wir sollten ihn kennenlernen wollen.

Chandogya-Upanischad[112]

Lasst uns nun die Erkenntnis des Zugangs zum Selbst auftun. Das Selbst ist nicht das sichtbare Bild, das zu sein scheint, aber nichts ist – es ist nicht die Maskerade hinter der Rolle. Das Selbst ist nicht die Maske, auch besteht es nicht aus den karmischen Aufzeichnungen, die voller unerwünschter Eigenschaften sind, die der Mensch eigentlich in seinem Herzen ablehnt.

Im Kampf zwischen Gut und Böse versuchen die negativen Kräfte das wahre Bild des Menschen zu verbergen und sein Pseudoimage zu verherrlichen.

Sie tun dies, um die Menschen zu kontrollieren, indem sie ihre Motive verzerren und sie mit Angst umgeben. Aber der Schlüssel, den man braucht, um daraus zu entfliehen, ist ganz einfach. Wenn ihr standhaft in einem kindlichen Gefühl des Staunens und des Gottesvertrauens bleibt, können wir noch heute alle Zweifel und Ängste aus eurem Bewusstsein vertreiben und dies unabhängig von eurem intellektuellen Niveau.

Zunächst müsst ihr aber begreifen, dass das Bild, das erscheint, nicht wirklich ist. Zweitens, dass das Bild, das nicht sofort erscheint, aber wirklich ist, häufig verborgen ist. Und drittens ist dieses verborgene Bild das Bild, das Gott erschuf und das er als gut ansah.[113]

Gottes Gesetz erhebt euch zu größerer Herrlichkeit

Die subtilen Kräfte des Schlangengeistes streunen auf dem Planeten umher. Sie tun dies aufgrund einer verlogenen Theologie und einer psychologischen Verschwörung, die zu einer Invasion des menschlichen Geistes geführt haben. In der Zwischenzeit bringen sie Formen der Besessenheit hervor, welche die menschliche Rasse kontinuierlich degradieren, indem sie angebliche oder tatsächliche Fehler verstärken. Sie versuchen, das wunderschöne Bild Gottes zu verbergen, nach dem ein jeder seiner Nachkommen geschaffen wurde.

Wir wollen euch ein Gefühl der Würde und ein positives Selbstwertgefühl zurückgeben, damit wir euch helfen können, euch selbst zu verstehen. Wir sagen aber nicht, dass das Böse, das die Menschen getan haben, kein Grund für Strafe ist, denn das Wort Gottes sagt klar und deutlich: »Irrt euch nicht! Gott lässt sich nicht spotten. Denn was der Mensch sät, das wird er ernten. Wer auf sein Fleisch sät, der wird von dem Fleisch das Verderben ernten; wer aber auf den Geist sät, der wird von dem Geist das ewige Leben ernten.«[114]

Dieses Gesetz wurde aber aus positiven Gründen erlassen. Als Gott sagte, ihr erntet, was ihr sät, sprach er vom Gesetz des Gebens und Dienens, durch das ein noch so winziger Stern größere Herrlichkeit erlangen kann. Lasst zu, dass ein größeres Maß der Herrlichkeit Gottes durch euer Bewusstsein strömt, denn dies ist der einzige Weg, auf dem die Gaben des ewigen Reiches dauerhaft aufrechterhalten werden können.

Die Welt ist voll des Verurteilens und Verdammens. Die Menschen verstehen nicht, dass sie sich selbst verurteilen und verdammen, wenn sie andere verdammen. Auch verstehen sie nicht, dass Verdammung eine spürbare Missgestaltung der Energie Gottes ist. Zudem erkennen sie nicht, dass sie, wenn sie über einander lachen, tatsächlich im Dunkeln über Gott lachen, der im Licht ist. Denn Gott wohnt im inneren Licht eines jeden Menschen.[115]

Jene, die sich gegen den verhüllten Propheten wenden, der im Innern als der verborgene Mensch des Herzens[116] wohnt, sprechen aus der Dunkelheit ihrer selbst gegen das Licht. Dass sie es nicht wissen und ahnungslos sind, ist keine Entschuldigung.

Euer göttlicher Ursprung

Wenn wir euch lehren wollen, euch selbst zu verstehen, müssen wir von euren Augen die Schuppen der Ungerechtigkeit entfernen, die eure unsterbliche Wirklichkeit verleumdet haben.

Du bist ein Kind des Lichtes,
du wurdest nach dem göttlichen Bild erschaffen.
Du bist ein Kind der Unendlichkeit,
du wohnst in den Schleiern der Zeit,
du bist ein Kind des Höchsten!

Dein Licht auszustrahlen und zu dienen,
heißt, den göttlichen Willen zu tun,
indem du das lebendige Wort bist.
Keine Finsternis kann lange
vor dem strahlenden Licht bestehen.
Die Wahrheit wird dich sicher machen
und deine Seele auf den Flug vorbereiten –
der Aufstieg ist das Ziel.
Als Jesus sich aus dem Boden erhob,
inspirierte er den Menschen,
sich selbst in den Mantel Gottes zu hüllen.

ICH BIN ist der Name des Vaters,
ICH BIN ist der Name des Sohnes,
ICH BIN ist der allerheiligste Geist –
euch alle kleidet der Eine.

Er wird dich auf ewig leiten und schützen,
er wird dich in seinem Arm weit tragen,
er verbirgt sich vor den Schlauen,
er bewahrt die Armen in seinem Zauber.

Gott lebt in deiner Seele, dem Abbild des Selbst –
dies zu erkennen, wird deine Ansichten verändern.
Gott lebt in dem Licht, das von innen heraus
leuchtet,
er bricht sein Brot mit den wenigen.

Er erhört unsere Rufe und antwortet,
seine Liebe ist das Licht der Menschen.
Nimm darum sein Verständnis an,
deinen wunderbaren Weg des Sieges.

Ich Bin ist der Name, den du anrufen musst,
es ist so weit und so wahr.
Denn nur die engen Grenzen des Selbstseins
können dies vor deinen Augen verbergen.

Das Antlitz der Ewigkeit im Himmel
entfaltet sich in der Seele.
Sein Brot ist der kostbare Sauerteig,
der uns alle zu unserem Ziel erhebt.

Ihr baut für die Ewigkeit

Möget ihr also verstehen, dass ihr ewiglich am Leben bleiben müsst, weil euer wahres Selbst nichts mit karmischen Aufzeichnungen, mit Persönlichkeitsmerkmalen, mit dem Gefühl von Mühsal und Trennung zu tun hat. Wie Jesus zu Johannes auf Patmos sagte: »Siehe, ich bin lebendig von Ewigkeit zu Ewigkeit und habe die Schlüssel der Hölle und des Todes«[117], so wird euch die Entwicklung des unsterblichen Bewusstseins eures Schöpfers befähigen, für die Ewigkeit zu bauen.

Das Werk, das ihr verrichtet, ist nicht für den Augenblick. Es ist nicht für die Familie, die ihr verlieren werdet oder die euch verlieren wird. Es ist nicht für einen Kursus, der erfolgreich absolviert werden kann, oder für ein Diplom, das ihr bekommt. Dies alles sind nur die Gipfel der Zeit. Sie sind nichts weiter als vorbeiziehende Meilensteine auf dem Weg zur ewiglich transzendenten Wirklichkeit, denn das Werk des Vaters und des Vaters durch den Sohn ist für die Ewigkeit.

Versteht das Höchste Selbst also als den Gott der Götter. Angesichts dieses Konzepts fällt das niedere Selbst auf die Knie. Wenn der Christus, der ewige Mittler, sich dem Vater beugt, wird das Gute zu All-in-allem. Der Mensch tritt unerwartet in den Strom einer überwältigenden Selbstverwirklichung ein.

Er fürchtet keinen Verlust, denn er sieht, dass das geschwärzte Bild des synthetischen Selbst, das danach gestrebt hat, sein unsterbliches Geburtsrecht niederzuringen, nicht real ist. Daher ersetzt er es schnell durch das göttliche Bild und hält sich demütig im Bewusstsein des Sohnes, der auf sein göttliches Erbe wartet.

Eure lebendige Identität ist der ewige Gott

Das vielmals wiederholte Meditieren über diese einfachen Sätze wird die Ströme der Aufstiegs-Flamme innerhalb des Gewebes der Seele wiederherstellen. Diese sanften Gebete, an die in vollkommener Hingabe gedacht wird, werden den Stachel aus dem Lebenskampf entfernen. Sie werden den Dienst des Menschen von großer spiritueller Errungenschaft mit denen des Menschen, der gerade erste begonnen hat, ins Gleichgewicht bringen.

Wie vor so langer Zeit gesagt wurde: »Viele aber werden die Letzten sein, die die Ersten sind, und die Ersten sein, die die Letzten sind.«[118] Bis die Menschen eins mit ihrem göttlichen Bild und ihrem göttlichen Erbe geworden sind, sollten sie sich nicht anmaßen zu entscheiden, wer frei von Karma ist und wer nicht, wer mehr Karma hat und wer weniger. Denn der Weg der Überwindung ist ausschließlich eine Frage der bewussten Erkenntnis, dass die eigene lebendige Identität der unsterbliche, ungeborene, ewige Gott ist.

Durch die Identifizierung mit diesem ewigen Gott wird der Magnetstein der Gegenwart zum großen Magneten, der Energie und Sinn in die individuelle Monade zieht und sie so im großen Strom des universellen Fortschritts stetig höher hinauf zieht. Ein Gott wird geboren. »Ihr müsset von Neuem geboren werden.«[119] Nicht länger an den veränderlichen, sich stets verschiebenden Treibsand der Persönlichkeit, der Frustration und des Überlebenskampfes gebunden, begreift der Mensch sich als eins mit seiner eigenen geliebten Ich-bin-Gegenwart.

Die Gegenwart alles Lebens ist eins

Aber hier ist ein Wort der Vorsicht angebracht. Niemand darf seine göttliche Gegenwart als Keule einsetzen, um anderen auf dem Weg Schaden zuzufügen. Niemand darf sagen: »Meine Gegenwart steht über deiner Gegenwart.« Denn die Gegenwart allen Lebens ist eins. Die zerbrechlichen Beziehungen der menschlichen Seelen untereinander, die eine Entwicklung der Macht und Weisheit der Gegenwart sind, strahlen stets das vollkommene Wirken der göttlichen Liebe aus.

Der einzelne Sucher auf dem Weg tut gut daran, klar und eindeutig zu begreifen, dass er dem Gefühl, das Leben sei ein Kampf zwischen ihm und den Ideologien, Konzepten und Persönlichkeitsmerkmalen anderer Menschen, ein Ende setzen muss. Das erfordert nicht, dass man sich von der Menschheit fernhält. Auch raten wir euch, über die Aussagen anderer höflich und aufrichtig nachzudenken, auch wenn sie sich auf dem Weg unterhalb der Ebene des Göttlichen befinden. Wir empfehlen euch, eure Beziehungen zu anderen auf der Grundlage eurer Beziehung zu eurem Heiligen Christus-Selbst aufzubauen.

Möge niemand unsere Worte dahingehend falsch verstehen, dass wir meinen, ihr dürftet andere Menschen beurteilen oder verdammen, denn das Urteil liegt in den Händen des Ewigen. Euer Glaube liegt in den Händen Gottes. Eure Hoffnung liegt in eurer Zukunft.

Übergebt euer Leben Gott und seid frei

Wenn ihr euer Leben und eure Gedanken Gott überantwortet, befreit ihr das niedere Selbst automatisch von den zueinander strebenden und auseinander strebenden Linien der karmischen Kräfte. Ihr zieht in euer nicht-aufgestiegenes Bewusstsein die herrlichen Eigenschaften der Gegenwart, welche die notwendigen und rechtmäßigen Anforderungen erfüllt, die zu eurer endgültigen Befreiung im Licht führen.

Wenn die Schüler dieses Prinzip doch nur verstehen würden! Und wenn sie dann das Buch noch einmal lesen würden, bis sie es zu einem Teil der inneren Unterweisung gemacht haben, die im Herzen geschrieben steht, würden sie es viel leichter finden, die Freiheit des echten und wahren Glücks in der Erfüllung ihres göttlichen Planes zu manifestieren.

Voller Liebe, im Licht
des täglichen Fortschritts, in dem wir
zur Vollkommenheit voranschreiten,
verbleibe ich

Meru

14

Die Erinnerung der Seele

Wo ist die Wahrheit, wenn nicht in der Seele selbst?

Hypatia von Alexandria[120]

Nicht Worte, Worte, Worte, sondern das Wort. »Im Anfang war das Wort.«[121] In der Mitte sind Worte, Worte, Worte, aber am Ende wird nur das Wort übrig bleiben.

Die Schüler, die sich selbst verstehen wollen, sollten erkennen, dass die Erweiterung der Mitte – ein Begriff, den ich symbolisch gebrauche, um das Reich des Begrenzten zu beschreiben – absichtlich geschieht, um im Feld von *Kal* (Zeit) und Dèsa (Raum) etwas zu erschaffen, was als Festung der Gelegenheit bezeichnet werden könnte. Hier kann die Spreu der menschlichen Erfahrung vom Weizen des spirituellen Wachstums getrennt werden.[122] Hier können die falschen Anfänge und die falschen Wege, welche der Seele die karmischen Aufzeichnungen eingeprägt haben, richtig zugeordnet und ausgeglichen werden. Und hier kann der Schönheit, die darin liegt, das Bewusstsein neu auszurichten und die ursprüngliche Bestimmung wiederherzustellen, aufgrund derer sich das Individuum verkörpert hat, am besten gedient werden.

Die irdischen Verpflichtungen erfüllen

Auch wenn es banal klingen mag, so sagen wir doch: »Es gefällt manchem ein Weg wohl; aber endlich bringt er ihn zum Tode.«[123] Der Weg des Todes bezieht sich auf den Tod der menschlichen Person, dem Stempel des »Erledigt!« auf dem Dossier eines individuellen Lebens.

Nun, jene, die sich ausschließlich mit den Ausdrucksformen der Persönlichkeit identifizieren, sterben tatsächlich, wenn die Lebenskraft, die in ihren Herzen schlägt, zurückgezogen wird, da ihre Existenz ausschließlich auf dem Fleisch beruhte. Aber manche haben bereits ihren Anker durch den Schleier geworfen. Sie haben die Bindungen an die menschliche Person aufgegeben, während sie gleichzeitig ihre Verantwortung wahrgenommen und ihre Verpflichtungen in der Welt der Formen erfüllt haben. Jene leben im Bewusstsein der Unsterblichkeit weiter.

Wir wollen den Männern und Frauen auf dem spirituellen Weg die heilige Weisheit vermitteln. Wir wollen jenen den Weg bereiten, die dabei sind, all das zu werden, was ihre ICH-BIN-Gegenwart möchte, das sie werden. Wir sagen, es ist vor dem Verlassen der Welt unerlässlich, dass sie nicht vorschnell jene natürlichen und vernünftigen Verpflichtungen aufgeben, die sie eingegangen sind.

Fürsorglichkeit ist eine Eigenschaft der Gottheit. Daher führt Gottes fürsorgliches Interesse an der Menschheit dazu, dass Menschen sich humanitären Bestrebungen zuwenden, während sie auf der Erde sind und sogar noch danach. Dies sind die Zeichen von Gottes kosmischer Fürsorglichkeit und seinem Interesse an jedem Einzelnen.

Die Wiederverkörperung gibt euch Gelegenheit, Unsterblichkeit zu erlangen

Die Wiederverkörperung ist des ewigen Gottes umfassendes Programm, die Menschheit an den Früchten des geistigen Reiches teilhaben zu lassen. Es gewährt jenen, die das Ziel im ersten, zweiten, dritten oder einem weiteren Anlauf nicht erreichen, die Möglichkeit der Wiederholung.

Für jene, die nicht auf dem Weg sind, stellt die Wiederverkörperung eine Kontinuität voller Hoffnung dar, dass sie eines Tages die wunderbare Bestimmung des Lebens erkennen werden. Dann können auch sie zu Mitgliedern der Vorhut des Reiches der Engel, der Elementarwesen und jener Menschen werden, die immer und überall danach streben, zur Schönheit des Lebens beizutragen.

Die Menschen können bereitwillig ihre gewohnheitsmäßige Identifizierung mit der ständig wechselnden, am Tod ausgerichteten, sterblichen Persönlichkeit aufgeben. Und in diesem Augenblick erlangen sie tatsächlich die Unsterblichkeit. Dieser Akt der Hingabe ist etwas ganz Wunderbares. Er ist wahrlich eine Wiedergeburt durch die Macht des Heiligen Geistes. Es stellt eine Übertragung des Bewusstseins aus dem Kraftfeld der Sterblichkeit – mit dem dazugehörigen Gefühl, das Leben sei ein Kampf – in das

Reich des Heiligen Geistes dar – und dies alles noch während sich das individuelle Bewusstsein in einem Körper befindet.

Wenn diese Übertragung stattfindet, muss der Körper für die Seele nicht länger ein Hindernis sein. Denn der Körper kann selbst der notwendige Gehilfe sein, welcher der Seele dabei hilft, den Aufstieg herbeizuführen. Dieser Prozess findet seinen Höhepunkt in der Wiedervereinigung der vier niederen Körper mit dem Herzen der göttlichen Gegenwart.

Die ICH-BIN-Gegenwart ist ungeboren und unsterblich. Sie erstreckt sich in die Unendlichkeit und hält Kontakt zu jedem Teil des Lebens. In dem Augenblick des Erwachens wird das gesamte Universum im eigenen Bewusstsein sichtbar.

Die unbegrenzte Macht des Gebetes

Ihr solltet euch darüber im Klaren sein, dass wir von zwei Formen des Bewusstseins sprechen: Erstens dem Bewusstsein des äußeren Selbst mit seiner Wahrnehmung des Äußeren und zweitens dem Bewusstsein der Seele mit seinem inneren Wissen. Die Augen der Seele sind, sobald sie einmal geöffnet sind, fähig, die Geburt von Sternensystemen zu beobachten, wozu selbst die stärksten Teleskope nicht in der Lage sind. Sie können mit dem göttlichen Pathos und mit der göttlichen Antwort auf die Gebete eines Kindes reagieren, das in Not ist.

Ihr könnt niemals wahrhaft die Bedürfnisse all jener erfüllen, die ihr liebt, bis ihr nicht die unbegrenzte Macht Gottes in den Händen haltet. Wir waren Zeugen von Heilungen auf Erden, die durch das Wirken verkörperter Männer und Frauen geschahen, die für jene in Not gebeten haben.

Denkt nun darüber nach, was es bedeutet, in euren Händen die Kugel des Mitgefühls als Szepter der Macht zu halten. Ihr könnt bei der Entwicklung des Universums mithelfen, so wie Gott mithilft. Ihr könnt frei sein von den Begrenzungen der Sterblichen und mit den Unsterblichen in deren erhöhten Bewusstseinszustand Zwiesprache halten. Denn auch sie gingen einmal durch dieselbe Tür, durch die ihr jetzt geht, wenn eure Seele erwacht.

Erweckt das Gedächtnis eurer Seele

Ihr Lieben, manche von euch haben Mühe, die Wahrheit der Wiederverkörperung zu akzeptieren, weil ihr euch mit eurem äußeren Geist nicht an die Ereignisse eurer früheren Leben erinnern könnt. Aber es ist das Gedächtnis der Seele, das in der Lage ist, alle Erfahrungen in ein verständliches Ganzes zu integrieren.

Das objektive Bewusstsein ist naturgemäß auf die Erinnerung an die Erfahrungen eures gegenwärtigen Lebens beschränkt. Dieses wird so sein, bis ihr gelernt habt, das Gedächtnis der Seele anzuzapfen und mit kristallener Klarheit jene Strukturen des Lebens hervorzuholen, welche die Allheit des Selbst in die Allheit des Universums integrieren. Ist dies einmal vollbracht, wird eure Glückseligkeit nicht ab-, sondern über alle Maßen zunehmen, weil aus dem Innern eine natürliche Entfaltung der göttlichen Erinnerung hervorkommen wird.

Jene, die versuchen, diese spirituellen Erfahrungen durch gefährliche Drogen oder mentale Erforschungen und Übungen zu erzwingen, reißen im wahrsten Sinn des Wortes die Blütenblätter der Blume der Seele aus ihrem knospenden Zentrum. Eines Tages werden sie die abgefallenen Blütenblätter verblichen und vertrocknet zu ihren Füßen liegen sehen und in den Staub zurückkehren, aus dem alle Dinge geschaffen wurden.[124] Nur indem ihr erkennt, dass die Seele in euch, die lebendige Seele, die Gott erschuf, die Fähigkeit besitzt, die Jahrhunderte zu überdauern, werdet ihr fähig sein, in das unsterbliche Leben einzutreten.

Die Seele ist vernachlässigt worden, die Seele muss erweckt werden. Und auch der Mensch muss sich selbst zum bewussten Gewahrsein der Seele erwecken. Er darf niemals die Entweihung der herrlichen Seele zulassen, die Gott der HERR nach seinem eigenen Bilde geschaffen hat.[125] Die Wiederherstellung des Sohnes nach dem Bild des Vaters ist der kostbare Weg der Erlösung. Es ist euer eigenes Christus-Selbst, das diese Macht der Selbsterhöhung ausübt.

Seht Gott, wie er ist

Wenn jedes Auge ihn sieht, wie er ist[126], werden sie ihre Finger auf den Körper seines Wesens legen können. Sie werden die Symmetrie des Geistes fühlen, der in ihm wohnt. Sie werden den elektronischen Puls seines Herzschlags spüren. Und die Essenz seines Lebens wird durch das Gewand strömen, das er trägt, und ihre Seelen mit der Identifizierung mit den höheren Welten überfluten. Dann wird der Mensch wahrhaft erkennen, wer und was er ist.

Der Mensch ist Gott im Werden, aber er kann dies niemals wahrhaft wissen, solange er irdische Gedanken hegt. Er kann dies niemals durch irdisches Wissen erkennen, denn die Dinge der Welt sind für Gott nur Torheiten.[127] In den Augen Gottes sind die einzig wahren Werte jene, die den Menschen von der Verfinsterung seines Wesens befreien, welche die Sonne der Gegenwart Gottes vor seinen Augen verborgen hat. Es ist diese Sonne, die seine geistigen Sinne erwecken wird, so dass er wie der Apostel Paulus das Antlitz des Meisters sehen und seinen Ruf vernehmen kann: »Es wird dir schwer werden, wider den Stachel zu lecken.«[128]

»Einen fröhlichen Geber hat Gott lieb.«[129] Und jene, die sich unschuldig und freudig seinem Programm der Hoffnung für sie und die ganze Welt hingeben, sind die Vorboten, welche die große, lodernde Zenitrealität ihres Selbst verstehen. Jene sind nicht nur willens, frei zu sein, sie werden frei sein.

Im nie versiegenden Lichte
Gottes verbleibe ich gütigst

Lanto

15

Das Bewusstsein des lebendigen Gottes

Ehre ist das höchste Gut im Universum, sie ist die Macht, von der alles abhängt, sie ist das Licht, von dem alles Leben geführt wird. Ehre das Höchste in dir selbst, denn auch dies ist die Macht, von der alles abhängt und das Licht, von dem alles Leben geführt wird.

Marc Aurel[130]

Ich sprach vor Kurzem zu den Schülern, die sich im Hauptquartier des *Summit Lighthouse* versammelt hatten und sagte: »Versteht, dass der Mittag nicht der Abend ist und dass die Mitternachtsstunde nicht die Morgenröte ist.« Mit diesem Gedanken werde ich meinen Beitrag zum Kursus der Selbsterkenntnis beschließen, denn es gibt auf Seiten der Menschen die Neigung, sich, in welchem Zustand auch immer sie sich befinden mögen, als etwas Festes, Fixes, zu betrachten. Es ist fast so, als hielten sie sich für den Moment, statt für den All-Moment.

Seit alters her gilt das Wort: »Durch seine Wunden sind wir geheilt.«[131] Und es erging ein weiteres Wort: »Und ihrer Sünden und Ungerechtigkeit will ich nicht mehr gedenken.«[132] Viele griffen nach diesem Prinzip mit geringer Hoffnung, andere mit glühender Hoffnung, aber alle ersehnten, frei von vergangener Verantwortung zu sein.

Ich habe gelernt, vollkommen auf Gott zu vertrauen, denn er ist in der Lage, jene, die an ihn glauben, ganz und gar zu erretten.[133] Aber der Glaube, den die Menschen haben, ist nichts weiter als ein Ansporn für die Werke, die sie tun müssen. Denn durch ihre Werke müssen sie das Selbst aus seiner gewohnheitsmäßigen Affinität für alles Menschliche lösen und diese durch die Erkenntnis ihrer ewigen göttlichen Realität ersetzen.

Löst euch von der Welt der Gegensätze

Daher dürft ihr nicht in eurer jetzigen Ordnung oder Unordnung, in eurem gegenwärtigen Fortschritt oder Kampf, in eurer heutigen Angst oder Hoffnung leben. Ihr müsst euch von allem lösen, was die Welt der Gegensätze ausmacht. Denn in ihr schwankt der Mensch ständig zwischen seiner Mitternachtsstunde und seiner Mittagsstunde hin und her. In ihr wandeln sich die Schatten des Ausdrucks von der Begeisterung zur Depression und zurück zum Hochgefühl, von himmelhoch jauchzend zu zu Tode betrübt und zurück zu himmelhoch jauchzend.

Im Bewusstsein des lebendigen Gottes zu weilen, heißt, sich selbst im Zustand einer ständigen Schönheit zu halten, der mit gewöhnlichen Worten nicht beschrieben werden kann. Nur die Zungen der Engel könnten ansatzweise beschreiben, was es wirklich bedeutet, in den Reichen des Lichtes zu weilen.

In diesen wohnt den Seelen der gewaltige Kraftstrom der Ewigkeit inne. Sie alle haben Zugang zu den großen Bibliotheken des Himmels, in denen alle Erwägungen und Werke der Söhne Gottes verzeichnet sind. Dort können sie die Früchte eines sich unaufhörlich selbst erneuernden Wissens sammeln und erkennen, dass die Gesetze Gottes göttliche Koordinaten sind. Diese Koordinationen stehen so fest wie die Sterne am Firmament – strahlende Lichtpunkte, welche die Augen eines jeden kleinen Kindes beglücken, das die Kenntnis seines Selbst erlangt.

Gottes Gesetze sind Polarsterne, die euch leiten

Das Antlitz des Ewigen Einen ist so zärtlich und so schön, dass jene, die in seinem Ebenbild erschaffen wurden, jene, die all die gewaltigen Dimensionen des Seins bevölkern, niemals aufhören werden, über die große Einheit zu staunen, die sich in der Vielfalt des Himmels manifestiert.

Es ist leicht zu erkennen, wie die Umwelteinflüsse der Erde die feine Substanz der Seele zerfressen können. Ebenso leicht ist es zu erkennen, wie jene, die das höhere Bewusstsein der Engel und der geistigen Wesen erlangt haben, aus ihrem Geist all diese Gefühle des Überlebenskampfes und Leidens gelöscht haben, die während der Spanne ihres irdischen Lebens ihre ständigen Begleiter waren.

Freud und Leid der Menschheit, die sie einmal in das heiße Wasser der Angst und dann in das kalte Wasser der Hoffnung tauchen, sind die Quelle ständigen Druckes und Schmerzes. Aber wer sein Glück im Gesetz Gottes findet[134] und in der Macht von Gottes Geist, ist zufrieden damit, allen Generationen die Gesetze der vielen Wohnungen des Vaters zu übermitteln.[135] Denn diese leuchten in den Himmeln und verheißen den Seelen der Menschen Hoffnung. Im wörtlichen Sinn sind die höheren Gesetze und höheren Tugenden Polarsterne, welche die Seeleute dieser Welt zu ihren ewigen Wirklichkeiten leiten.

Die Heimat des Himmels lebt in euch

Es ist vollkommen natürlich, dass die Menschen Angst vor dem Tod haben. Aber es mag manche von euch überraschen, wenn ich sage, dass die Seele mehr Angst davor hat, in die Welt der Form hineingeboren zu werden als diese wieder zu verlassen.

Die niederen Astralebenen des Lebens enthalten schreckliche, grässliche Gestalten, die versuchen, der Seele zu schaden, während sie von einer Existenzebene zur anderen reist. Aber wer sein Vertrauen in Gott setzt, kann die Macht der Engel und der Erzengel zu Hilfe rufen und sich aus diesen dichten Sphären und kontrollierten Reichen erheben. Dann weiß sich die Seele endlich in den unendlichen luftigen Wohnstätten der Planetenkörper, im interstellaren Raum und selbst im Raum innerhalb des Selbst, an ihrem eigenen sicheren Zufluchtsort, und dort weiß man um sie.

Manchmal sprecht und denkt ihr vom Himmel als eurer Heimat, aber ihr lebt, als ob die Erde auf ewiglich euer Aufenthaltsort wäre. Wenn die Heimat des Himmels in euch lebt, ist der Aufenthaltsort des Menschen nicht mehr wichtig. Denn ihr könnt den Elementen um euch herum befehlen frei zu sein. Ihr könnt über die Naturkräfte herrschen. Und ihr könnt durch Schönheit und Kunst einen Ort erschaffen, den selbst Gott »Heimat« nennen würde.

Durch alle Zeiten hindurch haben die Menschen die Umgebung ihrer Gedanken, ihres Lesestoffes und der Bilder, die sie erschauen, verändert. Indem ihr mit eurer Ich-bin-Gegenwart zusammenarbeitet und euch mit dem Reich des Himmels umgebt, tragt ihr dazu bei, dass sich das Reich Gottes in euch entwickelt.

Wenn ihr diese höheren Gedanken entwickelt, denkt daran, dass euer Selbst auch das Selbst eures Nachbarn ist. Das Gute, das in euch erblüht, ist auch für ihn verfügbar, so wie die Blumen seines Gartens auch euch zur Verfügung stehen.

Verinnerlicht die Macht eurer geistigen Wirklichkeit

Manche mögen in der Grobheit ihrer Sinne diese feinen Gesten der Engel belächeln, die ich hier mache. Aber ich bin mir sicher, dass auch ihr nach der Lektüre des letzten Kapitels vom geliebten Meru frohlocken werdet, dass ihr die Gelegenheit hattet, diese Seiten zu lesen. Und hoffentlich werdet ihr dabei auch durch das Bewusstsein von Gottes eigenem Verständnis seiner Selbst gegangen sein, das wir euch zu vermitteln versucht haben.

Selbst wenn der Mensch nur mit schwacher Hoffnung geboren wird, so wird er doch den Tag erleben, an dem diese Hoffnung zu dem lebendigen Glauben wird, der ihn durch alle Unbeständigkeiten des Leben hindurch begleitet. Ich hoffe also wie jeder Sohn des Himmels für euch, dass ihr fähig sein werdet, die glühende Macht eurer geistigen Wirklichkeit zu verinnerlichen, während ihr dieses unser Geschenk lest und noch einmal lest.

Dies ist wahrlich eine fassbare Manifestierung, die im Feld eures Bewusstseins existiert. Legt Kleinlichkeit und jene Umstände ab, die euch daran gehindert haben, im Leben voranzukommen – besonders jene, die in keinem Verhältnis zur Realität stehen.

Ich rufe Gott an, dass er jedem einzelnen von euch eine neue Perspektive gewähren möge, damit ihr euer Bewusstsein durchlüften könnt, indem ihr die Fenster der Seele öffnet und darum bittet, dass das Sonnenlicht seines Glanzes hindurch scheinen möge. Unsere Worte mögen nicht immer neu sein, aber das Bewusstsein, das Christus bringt, ist immer neu. Die Ideen, die er bringen wird, und die Ideen, die wir in seinem Namen bringen werden, werden nicht nur neu sein, sondern euch auch erneuern. Und eines Tages werden wir einander an den Händen fassen, so wie wir jetzt im Geiste und in Wahrheit eure Herzen fassen können.

Als Franz von Assisi trug ich früher viele schwere Steine und warf sie an ihren Platz, selbst mit meinem Knie. Nun beuge ich mein Knie auf den ewigen Fels des lebendigen Christus[136], der unsere gemeinsame Erlösung ist. Und ich bete mit euch, dass der Mantel seines Friedens euer Herz jeden Augenblick lang erhalten möge, dass er in der Morgenröte Hoffnung erzeugen und in der Mitternachtsstunde ein Bewusstsein der kommenden Morgenröte erschaffen möge.

Euer aufrichtiger Freund
durch alle Zeiten

Kuthumi

16

Herrschaft über das Selbst erringen

Nicht im Lärm der überfüllten Straßen,
nicht in den Begeisterungsschreien und dem Applaus der Menge, sondern in uns selbst sind Triumph und Niederlage.

Henry Wadsworth Longfellow[137]

Wir haben uns bemüht, auf das Selbst das zu werfen, was man die goldene Flamme präziser Erleuchtung nennen könnte. Wo wir eine Seite offenbart haben, da müssen ganze Bände noch geschrieben und gelesen werden. Dennoch ist nun eine Zusammenfassung dessen, was wir euch gegeben haben, angebracht.

Des Menschen Wohlgefallen an den inneren Gesetzen seines eigenen Wesens wird noch an Majestät und Kraft gewinnen, wenn er erkennt, dass die Gabe der Herrschaft in seinen eigenen Händen liegt. Viele Menschen warten darauf, dass äußere Umstände ihr

Leben gestalten, und wir geben zu, dass äußere Umstände tatsächlich das Leben der Menschen in großem Maß bestimmen.

Aber die Menschen müssen erkennen, dass die nach innen gerichteten Affinitäten der Seele und das angesammelte gute wie schlechte Karma ihr Schicksal bestimmen. Wenn der Mensch also wirklich über die Erde herrschen will, dann muss er den inneren Menschen verstehen.

Gottes Herrschaft ist keines Sterblichen Beherrschung

Die Herrschaft über die eigene Welt zu ergreifen, wie Gott es vorgesehen hat, beinhaltet nicht, sterbliche Kontrolle über andere auszuüben. Auch beinhaltet es nicht, dass sich die Individuen von jeder Laune sterblichen Denkens und Fühlens beherrschen lassen sollten. Aber viel zu viele von den Kindern Gottes auf Erden sind, oft ohne es zu wissen, der Kontrolle durch andere unterworfen, deren Ideale und Ziele nicht Teil des göttlichen Plans sind, sondern Teil ihres eigenen Planes der persönlichen Dominanz.

Herrschaft und Beherrschung sind nicht dasselbe. Die Herrschaft zu ergreifen, heißt, sich des kosmischen

Potenzials bewusst zu werden, das im Selbst als Geschenk des lebendigen Gottes angelegt ist. Dann beginnt man in die äußere Welt der Form jene wunderschönen Strukturen hinauszutragen, die Gott für jeden Menschen bereithält. Andererseits ist die Beherrschung der Menschheit eine widerrechtliche Aneignung seines freien Willens.

Ein unreines Bewusstsein beschmutzt den göttlichen Plan

Einer der größten Fehler des Menschen besteht darin, den Plan Gottes nicht zunächst in der inneren Welt des Geistes und dann in der äußeren Welt der Erscheinungen offenzulegen. Denn der göttliche Plan ist aufs Engste mit den Feinheiten des inneren Strahlens des inneren Menschen des Herzens verbunden. Wird dieser Plan durch den schmutzigen Fluss des Unterbewusstseins geleitet, der mit einem Mischmasch eitler Einbildungen gefüllt ist, geht er dem äußeren Geist vorübergehend verloren, der dann nur den Fluch der Unwissenheit auf die Leinwand des Lebens produzieren kann.

Daher ist die Läuterung des eigenen Bewusstseins die unumgängliche Voraussetzung für den neuen Schüler, aber auch für denjenigen, der auf dem Weg weiter fortgeschritten ist und ernsthaft seinen Weg zu Gott finden will. Das geflügelte Gottes-Selbst kann nicht fliegen, wenn seine Schwingen durch menschliche Nichtigkeiten oder die selbst auferlegten Einschränkungen des Menschen gestutzt werden.

Der Mensch ist wahrlich ein Gott im Exil, aber er muss es nicht bleiben. Er kann seine Welt läutern, indem er sich dem Herzen Gottes zuwendet, und er kann jene kosmischen Flammen anrufen, die Erscheinungen des Flusses des Christus-Bewusstseins sind.

Es ist das Konzept der Sünde und die Beteiligung an der Ungerechtigkeit, die zu Schuldgefühlen geführt haben. Diese bewirken aber, dass der Mensch tiefer und tiefer in die Schuld sinkt, einfach deshalb, weil er die Schulden, die er bereits angehäuft hat, nicht begleicht.

Viel zu viele von den Kindern der Erde, die das Licht suchen, verstehen nicht, dass sie selbst es sind, die einen Schutthaufen erschaffen haben. Zudem wissen sie nicht, dass sie niemals das herrliche Werk der Seelenentwicklung vollenden können, bis sie sich nicht mit aller Energie dem Prozess der Selbstläuterung gewidmet haben.

Es wurde die Frage gestellt: Soll der Mensch seine Seele gleichzeitig läutern und entwickeln oder muss er die Läuterung abschließen, bevor die Entwicklung beginnen kann?

Ihr Geliebten, fangen wir doch mit dem Wichtigsten an. Läuterung ist Entwicklung, denn selbst beim Erbauen eines Hauses muss man doch zuerst das Land roden und das Grundstück vorbereiten, bevor man ein sicheres Fundament legen kann.

Die effektive Anwendung spiritueller Lehren

Ein Problem, dem sich eher fortgeschrittene Schüler gegenübersehen, entsteht aus dem umfassenden Studium der geistigen Gesetze. Sie haben häufig bei verschiedenen Lehrern und Organisationen studiert, die zwar effektive, aber eben nur teilweise richtige Wahrheiten gelehrt haben. An bestimmten Punkten auf dem Weg sehen sich die Schüler gedrängt, alles beiseitezuwerfen, was sie bisher gelernt haben, um das ewige Symbol des Fortschritts verstehen zu können.

Mögen sie erkennen, dass die Prozesse doch dieselben bleiben, auch wenn sich die Namen unterscheiden. Wir erkennen an, dass sich die Techniken, die für ihre Vergeistigung empfohlen werden, je nach dem Lehrer unterscheiden. Aber das Individuum sollte sich immer daran erinnern, dass seine Beziehung zu seiner Gottes-Gegenwart immer dieselbe bleibt.

Daher ruht auf dem Schüler die Verantwortung dafür, aus den Lehren die effektive Anwendung zu ziehen, die es ihm ermöglicht, am meisten von der Unterweisung zu profitieren. Wir entheben damit nicht den Lehrer von seiner Verantwortung, die Lehren auf bestmögliche Weise zu präsentieren, aber was ist der bestmögliche Weg, wenn man es mit Geistern auf verschiedenen Entwicklungsstufen zu tun hat, die auf verschiedenen Voraussetzungen beruhen?

Durch semantische Feinheiten behindert, verlieren sich einige Schüler völlig und geben schließlich die Suche nach der Wahrheit auf. Das aber ist nicht nötig, denn selbst der fortgeschrittenste Schüler kann seinen Fortschritt nicht behindern, indem er sich immer wieder die Grundprinzipien des Gesetzes vor Augen führt. Nur weil jemand eine gewisse Sprachfertigkeit gemeistert hat, heißt das noch nicht, dass er nicht vom nochmaligen Lesen der ersten Bücher oder von einer erneuten Auseinandersetzung mit längst vergessenen Begriffen profitieren kann.

Derartige Rückblicke hauchen dem Prozess der Imagination häufig vollkommen neues Leben ein und ermöglichen es, ein inneres Bild zu verschiedenen Themen festzuhalten. Werden diese in euer Wesen integriert, fügen sie dem Kompendium des Wissens, das für das alltägliche Leben so wichtig ist, noch etwas hinzu.

Die göttlichen Künste unterscheiden sich nicht von den menschlichen. Und wir haben uns dafür entschieden, das alltägliche Leben tatsächlich als eine solche göttliche Kunst zu betrachten, auch wenn viele unter den Menschen dies alles als selbstverständlich hinnehmen.

Euer Christus-Selbst ist die Öffnung des Quells des Lebens

Vor langer Zeit sagte einer der großen Jünger des Christus: »Oder wisset ihr nicht, dass euer Leib ein Tempel des heiligen Geistes ist, welchen ihr habt von Gott, und seid nicht euer selbst. Denn ihr seid teuer erkauft; darum so preist Gott an eurem Leibe und in eurem Geiste, welche sind Gottes.«[138]

Der Abstieg Gottes in die Form war eine Gelegenheit für die Persönlichkeit (dem Form-Bewusstsein), die durch das Wesen Gottes individualisiert wurde, die Ganzheit der Gottheit zu erlangen. Der Christus ist der Eckpfeiler des Tempels[139] und euer eigenes Heiliges Christus-Selbst ist die mächtige Öffnung des Quells des Lebens. Wird diese Öffnung durch eure Einstimmung auf den kosmischen Christus und die Erweiterung eures eigenen Bewusstseinsniveaus vergrößert, werden euch die sich entfaltenden Realitäten eures göttlichen Selbst jenen Frieden bringen, der sich mit einer umfassenderen Kenntnis des Gesetzes einstellt.

Mit unseren Durchsagen an die Menschheit, sowohl in den schriftlichen Unterweisungen als auch in der sanften Ausstrahlung unserer Liebe, die in den Seiten gespürt werden kann, versuchen wir euch in die große Schafherde des ewigen Guten Hirten zu bringen. Der Bischof eurer Seele ist der lebendige Christus in euch. Und wenn ihr den Kontakt zu diesem mächtigen universellen Wesen nicht aufrechterhaltet, werden ihr nie aus dem menschlichen Bewusstsein heraustreten können.

Eurem Christus-Selbst ist es aufgetragen, dafür zu sorgen, dass ihr die Fülle all dessen werdet, was Gott ist. Denn dadurch erfüllt ihr eure Bestimmung und kehrt zum göttlichen Bild zurück. Er ist die Tür und alle, die einen anderen Weg erklimmen, sind Diebe und Räuber.[140]

Christus ist das Licht der Welt.[141] Aber vor Jahrhunderten verdrehten und verzerrten die Kinder, die nur einen Blick auf einen Ausschnitt der Wirklichkeit erhascht hatten, die großen christischen Wahrheiten, die den Menschen schon vor langer Zeit ihre Freiheit geschenkt hätten. Daher bitten wir euch heute im heiligen Namen eurer Gottes-Gegenwart zu erkennen, dass euer Höheres Selbst sehr wohl am alltäglichen Leben beteiligt ist, und so muss auch euer niederes Selbst daran beteiligt sein.

Seid anderen ein Leuchtfeuer der Hoffnung

Viel zu viele unter den Menschen funktionieren rein mechanisch und wiederholen mit zyklischer Regelmäßigkeit ihre langweilige Routine, ohne jemals die Gelegenheit wahrzunehmen, das Christus-Licht auch in die einfachsten und bescheidensten Aufgaben einzubringen. Was auch immer ihr tut, kann nicht nur zu eurer eigenen Entwicklung und zu eurem täglichen Verständnis eures Höheren Selbst beitragen, sondern auch für andere, mit denen ihr Umgang pflegt, ein Leuchtfeuer der Hoffnung sein.

Wer die Gnade besitzt, nicht zu stolz zu sein, in spirituellen Dingen wie ein kleines Kind zu werden[142] und sich zu beugen, damit er durch die schmale, manchmal tief gesetzte Tür der Ereignisse treten kann, wird sich letztlich zu Füßen der unendlichen

Gnade wiederfinden. Sicher wird eines Tages die Morgenröte eures Höheren Selbst zur Mittagsstunde werden, und die Vollendung der Zyklen des Seins wird die Rückkehr zur Wirklichkeit des Vaters bedeuten.

Die Flamme meines ätherischen Refugiums über dem Titicaca-See lodert hoch empor. Mögen alle nach der höchsten Erleuchtung des Wahren Selbst streben.

Ich bleibe eurem Licht verbunden

Meru

Mensch,
erkenne dein Selbst …
als Gott

Darstellung des Göttlichen Selbst

Das göttliche Selbst

Sehet den Schöpfer der Welt, alles von ihm in mir selbst … Er ist in meinem Herzen,
er ist im Himmel. Hier wie dort zeigt er sich mir in gleicher Herrlichkeit.

Symeon der neue Theologe[143]

Jeder von Ihnen hat eine einzigartige spirituelle Bestimmung. Einer der Schlüssel zur Erfüllung dieser Bestimmung ist das Wissen, dass Sie Ihrem Wesen nach göttlich sind und eine direkte Beziehung zu Gott haben. Damit Sie diese Beziehung besser verstehen können, haben die aufgestiegenen Meister die nebenstehende Darstellung des göttlichen Selbst entworfen.

Diese Darstellung ist ein Porträt von Ihnen und des Gottes in Ihnen. Sie ist ein Schaubild von Ihnen und Ihrem Potenzial, zu dem zu werden, was Sie in

Wirklichkeit sind. Die Darstellung des göttlichen Selbst stellt drei Ebenen Ihrer inneren Realität dar, die den drei Personen der Dreieinigkeit und der Göttlichen Mutter entsprechen.

Die persönliche Gegenwart Gottes: die Ich-bin-Gegenwart

Die obere Figur stellt die Ich-bin-Gegenwart dar und entspricht der ersten Person der Dreieinigkeit: dem Vater, der eins mit der Mutter ist. Die Ich-bin-Gegenwart ist die absolute Vervollkommnung Ihrer göttlichen Wirklichkeit. Sie ist der Geist des lebendigen Gottes, der in jedem von uns individualisiert ist. Sie ist Ihr personalisierter Ich bin, der Ich bin, unter welchem Namen sich Gott Moses auf dem Berg Sinai offenbarte.

Je nach der Intensität Ihrer Hingabe kann Ihre Ich-bin-Gegenwart Ihnen sehr nah oder sehr fern sein. »Nahet euch zu Gott«, rät das Jakobus-Evangelium, »so naht er sich zu euch.«[144] Wenn Sie sich Gott durch liebevolle Gedanken, Gefühle und Handlungen nähern, wird sich Ihre Ich-bin-Gegenwart Ihnen nähern und Sie in ihre Liebe hüllen. Aber wenn Sie lieblose Gedanken und Gefühle hegen und lieblose

Taten begehen, stoßen Sie damit automatisch Ihre ICH-BIN-Gegenwart ab.

Ihre ICH-BIN-Gegenwart ist von sieben konzentrischen Kugeln umgeben. Diese pulsierenden Kugeln geistiger Energie bilden Ihren Kausalkörper. Sie enthalten die Aufzeichnungen der guten Taten, die Sie zum Ruhme Gottes und zum Segen Ihrer Mitmenschen seit Ihrer ersten Inkarnation auf Erden begangen haben.

Wenn Sie etwas tun, um Gott und den Menschen selbstlos zu dienen, steigt die positive Energie Ihrer guten Taten zum Kausalkörper auf und vergrößert ihn. Ihr Kausalkörper ist wie eine kosmische Bank, bei der Sie für sich selbst »Schätze im Himmel« sammeln.[145] Wenn Sie mehr Energie brauchen, um mehr gute Taten zu tun, können Sie Ihre ICH-BIN-Gegenwart bitten, jene Reserven, die im Kausalkörper gespeichert sind, einzusetzen und Ihnen so den zusätzlichen Impuls zu geben, den Sie brauchen.

Jede Kugel des Kausalkörpers hat eine andere Farbe und kennzeichnet so einen der »sieben Strahlen«. Strahlen sind Lichtfrequenzen, und jeder Strahl ist mit einem anderen Aspekt, einer anderen Eigenschaft von Gottes Bewusstsein assoziiert. Die Farben und entsprechenden Eigenschaften der Kugeln sind – vom Zentrum des Kausalkörpers bis zu seiner Peripherie – die folgenden:

1. Weiße Kugel: Reinheit, Disziplin und Freude
2. Gelbe Kugel: Weisheit, Erkenntnis, Erleuchtung und Illumination
3. Rosafarbene Kugel: Mitgefühl, Güte, Mildtätigkeit, Liebe und Schönheit
4. Violette Kugel: Barmherzigkeit, Vergebung, Gerechtigkeit, Freiheit und Umwandlung
5. Lila- und goldfarbene Kugel: Dienen, Fürsorge, Frieden und Brüderlichkeit
6. Grüne Kugel: Wahrheit, Wissenschaft, Heilung, Reichtum, Vision und Musik
7. Blaue Kugel: Glaube, Wille, Macht, Vollkommenheit und Schutz

Der innere Lehrer: das Heilige Christus-Selbst

Die mittlere Figur in der Darstellung des göttlichen Selbst repräsentiert das Heilige Christus-Selbst. Sie können sich das Heilige Christus-Selbst als Ihren Hauptschutzengel und besten Freund vorstellen. Es ist Ihr innerer Lehrer, der Sie dazu inspiriert, verantwortungsvoll und entschlossen im Interesse der Bedürftigen und Notleidenden zu handeln. So wie die ICH-BIN-Gegenwart die Universelle Gegenwart Gottes individualisiert in jedem von uns ist, so ist das Heilige Christus-Selbst die Universelle Christus-Gegenwart individualisiert für jeden von uns.

In Wahrheit gibt es nur einen HERRN und einen Gott. Daher sagte Moses: »Höre, Israel, der HERR, unser Gott, ist ein einiger HERR.«[146] Und doch gab Gott aufgrund seiner tiefen Liebe zu uns jedem von uns ein Bild von sich selbst – wenn man so will, ein Foto. Denn er wollte nicht, dass wir ihn auf unserer langen Reise auf Erden vergessen. Dieses göttliche Bild Gottes, das jedem von uns ganz allein gehört, ist unsere individuelle ICH-BIN-Gegenwart.

Man könnte es mit einem Foto vergleichen, das in einer Zeitschrift veröffentlicht wurde. Zehn Millionen Exemplare dieses Fotos ergeben nicht zehn Millionen Götter, sondern immer nur einen einzigen. Gleichermaßen gibt es auch nur einen Sohn Gottes, welcher der Universelle Christus ist. Aber Gott in seiner unendlichen Barmherzigkeit gab Ihnen und mir eine genaue Kopie des Originals: unser Heiliges Christus-Selbst.

Das Heilige Christus-Selbst entspricht der zweiten Person der Dreieinigkeit: dem Sohn des Vater-Mutter-Gottes. Die Bibel nennt Jesus Christus den »Sohn Gottes«, weil Jesus eins mit seinem Heiligen Christus-Selbst geworden war. Tatsächlich lebten sowohl der Vater (die ICH-BIN-Gegenwart) als auch der Sohn (das Heilige Christus-Selbst) vollkommen in Jesus, was Paulus dadurch bezeugte, dass er sagte: »Denn in ihm [Jesus] wohnt die ganze Fülle der Gottheit leibhaftig.«[147]

Der Weg der persönlichen Christusschaft

Jesus trat während jener 2000-jährigen Periode, die als Fische-Zeitalter bekannt ist, hervor, weil Gott ihn zum archetypischen Christus oder Avatar dieses Zeitalters bestimmt hatte. Das bedeutet, dass Jesus während der vergangenen 2000 Jahre als Repräsentant und Verkörperung des Universellen Christus, als Sohn Gottes, gedient hat.

Die Mission Jesu bestand darin, jeder Seele auf Erden aufzuzeigen, wie sie sich mit dem Heiligen Christus-Selbst wiedervereinigen kann. Jesus war ein Beispiel für das, was wir werden können. Er wollte, dass wir alle unseren eigenen Weg der persönlichen Christusschaft gehen.

Wir können auf dem Weg der persönlichen Christusschaft schnell vorankommen, indem wir Jesus Christus oder einen beliebigen anderen aufgestiegenen Meister nachahmen. Die aufgestiegenen Meister sind die Heiligen und Adepten aus Ost und West, die ihren eigenen Weg der persönlichen Christusschaft gegangen sind, eins mit ihrem Christus-Selbst wurden, ihre Bestimmung erfüllt haben und heute mit Gott wiedervereinigt sind. Wenn Sie Jesus und den aufgestiegenen Meistern nachfolgen, sinkt Ihr Heiliges Christus-Selbst jeden Tag etwas mehr zu Ihnen herab, bis Sie und Ihr Heiliges Christus-Selbst schließlich eins werden.

In der Darstellung des göttlichen Selbst ist die herabschwebende Taube des Heiligen Geistes direkt über dem Heiligen Christus-Selbst abgebildet.

Der göttliche Funke: die dreifältige Flamme

Der Strahl weißen Lichts, der in der Darstellung von der ICH-BIN-Gegenwart durch das Heilige Christus-Selbst zur unteren Figur herabsinkt, ist die Kristallschnur. Dies ist die »Nabelschnur«, die Rettungsleine, die Sie mit Ihrer ICH-BIN-Gegenwart verbindet. Prediger Salomo (Kohelet) nennt sie die silberne Schnur.[148] Durch diese Schnur fließen Gottes Licht, sein Leben und Bewusstsein unaufhörlich zu Ihnen und geben Ihnen so die Fähigkeit, von Ihrem ersten bis zum letzten Atemzug zu denken, zu fühlen, zu überlegen und die Wunder des Lebens zu erfahren.

Die Kristallschnur nährt auch die dreifältige Flamme, die in der geheimen Kammer des Herzens verborgen ist. Die dreifältige Flamme, die auch als göttlicher Funke bezeichnet wird, ist im wahrsten Sinn des Wortes ein Funke des heiligen Feuers, den Gott von seinem Herzen in Ihres übertragen hat.

Die Mystiker aller Weltreligionen haben den göttlichen Funken gespürt und ihn als Keim des Göttlichen im Innern beschrieben. So sprechen Buddhisten zum Beispiel vom »Keim der Buddhaschaft«[149], der in jedem lebenden Wesen existiert. In der hinduistischen Tradition spricht die Katha-Upanischad vom »Licht des Geistes«, das im »geheimen hohen Platz des Herzens« aller Wesen verborgen ist. Dort wird dieser Geist als »kleiner als das kleinste Atom, größer als der unermessliche Raum« beschrieben.[150]

Der göttliche Funke, die dreifältige Flamme, hat drei Einzelflammen. Diese verkörpern die drei Haupteigenschaften Gottes – Macht, Weisheit und Liebe – und entsprechen der Dreieinigkeit aus Vater, Sohn und Heiliger Geist. Der weiße Feuerkern, dem die dreifältige Flamme entspringt, entspricht Gott, der Mutter. Wenn Sie Zugang zur Macht, Weisheit und

Liebe Gottes finden, die in Ihrer dreifältigen Flamme verankert sind, können Sie Ihre Bestimmung erfüllen.

Wenn Sie mit Gott Zwiesprache halten und zu ihm beten, können Sie visualisieren, wie die dreifältige Flamme in der geheimen Kammer Ihres Herzens brennt. Die blaue Flamme befindet sich zu Ihrer Linken, die gelbe Flamme in der Mitte und die rosafarbene Flamme zu Ihrer Rechten.

Die blaue Flamme, die Gott dem Vater entspricht, ist der Verankerungspunkt für Gottes Macht und Willen. Sie befeuert Ihre Willenskraft, Ihren Glauben und Ihre Entschlossenheit, Ihre Bestimmung zu erfüllen. Die gelbe Flamme, die Gott dem Sohn entspricht, verankert in Ihnen die unterscheidungsfähige Intelligenz von Gottes Geist und seine Weisheit. Die rosafarbene Flamme, die Gott dem Heiligen Geist entspricht, verankert Gottes Liebe, Mitgefühl, Barmherzigkeit und Zärtlichkeit.

Die Seele auf dem spirituellen Weg

Die untere Figur in der Darstellung des göttlichen Selbst stellt Sie auf Ihrem spirituellen Weg dar. So würden Sie aussehen, hätten Sie die violette Flamme schon einige Zeit lang angerufen. Die violette Flamme ist die Aktion des Heiligen Geistes, der dritten Person der Dreieinigkeit.

Die untere Figur stellt Sie mit einem weißen Gewand bekleidet dar – wie die Heiligen im Himmel es tragen.[151] Ihre dreifältige Flamme befindet sich im Gleichgewicht und ist in der geheimen Kammer des Herzens versiegelt. Der Heiligenschein offenbart einen Zustand der Heiligkeit, der rechten Achtsamkeit und Ihren bevorstehenden Eintritt in den Zustand eines Heiligen.

Die violette Flamme wird von der Lichtsäule umgeben, einem Zylinder weißen Lichtes, die als Antwort auf Ihren Ruf von der ICH-BIN-Gegenwart herabsinkt, um Sie vor schädlichen Energien zu schützen. Schüler der aufgestiegenen Meister rufen die Lichtsäule morgens und periodisch während des Tages an – besonders wenn die negativen Energien des Planeten ihren Höchststand erreichen.

Die Lichtsäule wird Sie 24 Stunden am Tag schützen – so lange Sie in Harmonie verbleiben. In Zeiten des Stresses wird es nötig sein, auch Erzengel Michael um Schutz für sich selbst, Ihre Angehörigen und alle Seelen des Lichts weltweit anzurufen.

Die Seele ist das lebendige Potenzial Gottes, also jener Teil von Ihnen, der zwar sterblich ist, aber unsterblich werden kann. Der Sinn der Entwicklung Ihrer Seele auf Erden besteht darin, sie unter der Anleitung Ihres Heiligen Christus-Selbst, Ihrer ICH-BIN-Gegenwart und der aufgestiegenen Meister zu vervollkommnen, damit sie zu Gott zurückkehren kann.

Paulus hatte den endgültigen Sieg der Seele über all das, was auf Erden ihrem Aufstieg zurück zu Gott im Wege steht, vor Augen, als er verkündete: »Denn dies Verwesliche muss anziehen die Unverweslichkeit, und dies Sterbliche muss anziehen die Unsterblichkeit. Wenn aber das Verwesliche wird anziehen die Unverweslichkeit, und dies Sterbliche wird anziehen die Unsterblichkeit, dann wird erfüllt werden das Wort, das geschrieben steht: ›Der Tod ist verschlungen in den Sieg.‹«[152]

Die Seele erlangt die Unsterblichkeit, wenn sie sich nach zahlreichen Leben im Dienste Gottes und der Menschheit im Ritual des Aufstiegs wieder mit ihrer ICH-BIN-Gegenwart vereinigt, wie es Jesus und andere aufgestiegene Meister getan haben. Der Aufstieg ist für jede Seele das Ziel des Lebens. Die Seele mag durch zahlreiche Inkarnationen hindurchgehen, bevor sie sich auf dem Weg der persönlichen Christusschaft vervollkommnet hat und für würdig befunden wird aufzusteigen.

Was geschieht mit der Seele zwischen den Inkarnationen? Wenn die Seele ein Leben auf der Erde beschließt, zieht die ICH-BIN-Gegenwart die Kristallschnur zurück, die dreifältige Flamme kehrt zum Herzen des Heiligen Christus-Selbst zurück, und die Seele wird zur höchsten Bewusstseinsebene hingezogen, die sie während ihrer Inkarnationen erlangt hat.

Wenn die Seele für würdig befunden wird, wird sie zwischen den Inkarnationen in den Refugien der aufgestiegenen Meister in der Himmelswelt ausgebildet. Dort studiert sie unter den Erzengeln und den Meistern der Weisheit, um sich auf ihre nächste Inkarnation vorzubereiten.

Wenn eine Seele in Leben um Leben nicht aus freiem Willen Gott verherrlicht – und dabei an ihr Heiliges Christus-Selbst gebunden wird –, ist ihre Chance auf Unsterblichkeit irgendwann vertan. Die Seele wird ihren Seelenplan und ihre Selbstidentifizierung mit Gott nicht mehr aufrechterhalten können. Dies wird als der »zweite Tod« bezeichnet.[153]

Um das Ziel der Unsterblichkeit und des Aufstiegs zu erreichen, muss die Seele zunächst einmal eins mit ihrem Heiligen Christus-Selbst werden, mindestens 51 Prozent ihres Karmas ausgleichen und ihre Bestimmung auf Erden erfüllen. Wie Saint Germain erklärt hat, bedeutet 51 Prozent des Karmas ausgleichen, dass man 51 Prozent der einem jemals von Gott gegebenen Energie umgewandelt und für konstruktive Zwecke eingesetzt hat.

Wenn sich Ihre Seele zuletzt in die Lüfte erhebt und zurück zu Gott emporsteigt, werden Sie ein aufgestiegener Meister und frei vom Rad des Karmas und der Wiedergeburten sein. Dann werden Sie die Krone des ewigen Lebens empfangen.

Die violette Flamme für physische und geistige Umwandlung

Ruft die violette Flamme an, die vier niederen Körper zu umhüllen. Dadurch wird das Bewusstsein unweigerlich vergeistigt werden – wenn es dem Bittenden wahrhaft danach verlangt, eins mit Gott zu werden.

Lanto

So wie ein Sonnenstrahl, der durch ein Prisma hindurch dringt, in die sieben Farben des Regenbogen aufgespalten wird, so manifestiert sich das geistige Licht in sieben Strahlen. Der violette ist der siebte dieser Strahlen. Jeder Strahl hat eine bestimmte Farbe, Frequenz und Eigenschaft (siehe dazu auch Seite 24 ff.). Wenn Sie einen dieser Strahlen im Namen Gottes anrufen, manifestiert er sich als »Flamme«. Man könnte dies mit einem Sonnenstrahl vergleichen, der durch ein Brennglas scheint und eine Flamme erzeugt.

Jede der geistigen Flammen ruft eine bestimmte positive Wirkung in Körper, Herz, Geist und Seele hervor. Die violette Flamme bewirkt Barmherzigkeit, Gerechtigkeit, Freiheit und Umwandlung.

Etwas umzuwandeln bedeutet, seine Form, seine Erscheinung oder sein Wesen zu verändern – hier besonders, etwas in eine höhere Form zu bringen. Der Begriff Transmutation, also Umwandlung, wurde von den Alchimisten gebraucht, die versuchten, unedle Metalle in Gold zu verwandeln und dabei durch die Anwendung von Hitze das »Feine« vom »Groben« zu trennen. Sowohl für die antiken als auch die mittelalterlichen Alchimisten war aber der wahre Zweck der alchimistischen Transmutation eine geistige Umwandlung und das Erringen des ewigen Lebens.

Und das ist genau, was die violette Flamme für uns tun kann. Sie verzehrt die Elemente unseres Karmas, trennt sie von der uns innewohnenden Reinheit, so dass wir das wahre Gold unseres Höheren Selbst verwirklichen können und eine dauerhafte geistige Umwandlung erreichen.

In der physischen Welt weist das violette Licht die kürzeste Wellenlänge auf und hat daher die höchste Frequenz des sichtbaren Spektrums. So kann in einem gewissen Sinn das violette Licht als Übergangspunkt vom Sichtbaren zum Unsichtbaren gesehen werden, von einer Seinsebene zu der nächsten.

Da Frequenz sich zu Energie direkt proportional verhält und violettes Licht die höchste Frequenz des sichtbaren Spektrums aufweist, besitzt violettes Licht also auch die größte Energie. Das bedeutet, dass es auch die größte Fähigkeit besitzt, Materie auf der atomaren Ebene zu verändern.

Dementsprechend sagte Saint Germain: »Die violette Flamme ist das wirksamste Heilmittel für physische Probleme.« Weiter erklärt er, dass die violette Flamme die Fähigkeit, physische Zustände zu verändern, deshalb besitzt, weil Violett von allen Strahlen in der Schwingungswirkung den Komponenten der Materie am ähnlichsten ist. »Die violette Flamme kann sich mit jedem Molekül, jeder molekularen Struktur, jedem bekannten oder unbekannten Materieteilchen, jeder Lichtwelle, jedem Elektron und jeder Form von Elektrizität verbinden«, sagte er. Wann immer sich Menschen versammeln, um gemeinsam Dekrete an die violette Flamme zu rezitieren, »bemerkt man augenblicklich eine Verbesserung des physischen Zustandes«.[154]

Was kann die violette Flamme für Sie tun?

Die violette Flamme kann im wahrsten Sinne des Wortes den Schmutz zwischen und in den Atomen Ihres Wesens verzehren. Es ist, als würden diese in einer chemischen Lösung eingeweicht, die Schicht um Schicht den Schmutz auflöst, der dort seit Tausenden von Jahren feststeckt.

Wird die violette Flamme regelmäßig angerufen, kann dies positive Veränderungen auf allen Ebenen Ihres Wesens hervorrufen. Sie kann Ihre Ausdauer verbessern. Sie kann Ihnen helfen, Blockaden zu lösen, um so körperliche oder emotionale Probleme zu beheben. Sie ist die Lebensfreude, die Ihre Stimmung hebt. Und sie kann das angesammelte menschliche Karma auflösen, das zu der Finsternis führt, die uns für unsere Zeit prophezeit wurde. Genau deshalb machte uns Saint Germain, aufgrund seines großen Mitgefühls mit unseren Seelen, in diesem Jahrhundert das kolossale Geschenk der violetten Flamme.

Wenn Sie mit der violetten Flamme experimentieren möchten, können Sie die folgenden Affirmationen und Gebete rezitieren.

ICH BIN die violette Flamme

Visualisierung

»ICH BIN die violette Flamme« ist eine machtvolle Affirmation. Sie ist kurz, und Sie können sie viele Male wiederholen, um eine starke Dynamik der violetten Flamme aufzubauen.

Visualisieren Sie, dass Sie von der violetten Flamme umgeben sind – so wie in der Darstellung des göttlichen Selbst die untere Figur von ihr umgeben ist. Sehen Sie vor Ihrem geistigen Auge, wie die violette Flamme zum Leben erwacht – so als ob Sie sich einen Film anschauen würden. Die Flammen lodern empor und pulsieren in verschiedenen Schattierungen und Abstufungen von Lila, Rosa und Violett. Sehen Sie, wie diese Flammen Ihren Körper durchdringen, alle Organe liebkosen und sie wieder ganz machen. Sehen Sie, wie sie Ihren Verstand und Ihre Gefühle erfüllen und alle Lasten von Ihren Schultern nehmen.

Sie können sich auch vorstellen, dass die sieben Meere mit der violetten Flamme gefüllt sind. Meditieren Sie über die Macht der sieben Meere und übersetzen Sie diese Gedankenform in ein gigantisches, friedliches Meer aus violetten Flammen, das den ganzen Planeten einhüllt. Stellen Sie sich das Gewicht vor, seine Macht, seine Energie! Die violette Flamme besitzt die Fähigkeit, den Planetenkörper vollkommen zu verwandeln.

Sie können dieses Dekret in bestimmten Situationen anwenden. So können Sie sich zum Beispiel vorstellen, dass das Meer aus violetten Flammen die Verschmutzung in den Weltmeeren umwandelt. Oder Sie können sich auf die Kinder der Welt konzentrieren. Stellen Sie sich die Kinder vor, fangen Sie mit den Kindern in Ihrer Nachbarschaft an und schließen Sie dann die bedürftigen Kinder überall auf der Welt ein. Sehen Sie, wie fröhlich tanzende violette Flammen sie umhüllen und ihren Kummer in Freude verwandeln.

Dekret

ICH BIN die violette Flamme

ICH BIN die violette Flamme,
die nun wirkt durch mich.
ICH BIN die violette Flamme –
Vor Licht allein verbeug ich mich.
ICH BIN die violette Flamme,
in mächtiger kosmischer Kraft.
ICH BIN das Licht Gottes
scheinend jede Stund'.

Ich bin die violette Flamme,
der Sonnenlohe gleich.
Ich bin Gottes heilige Macht,
die alle befreit.

Das englische Original

I am the Violet Flame

I am the violet flame
In action in me now
I am the violet flame
To light alone I bow
I am the violet flame
In mighty cosmic power
I am the light of God
Shining every hour
I am the violet flame
Blazing like a sun
I am God's sacred power
Freeing every one.

Mehr violettes Feuer

Visualisierung

Das Mantra »Mehr violettes Feuer« ist für seinen Rhythmus und für die spiralförmige Wirkung der violetten Flamme bekannt, die dem Rhythmus folgt. Wenn Sie dieses Mantra rezitieren, halten Sie Zwiesprache mit Ihrer Ich-bin-Gegenwart. Spüren Sie, wie die Liebe Ihrer Gegenwart Sie vollkommen einhüllt, während Sie allen Zorn, alle Sorgen, alle Befürchtungen und alle Ängste ablegen.

Visualisieren Sie einen Wasserfall aus Licht, der von Ihrer Ich-bin-Gegenwart auf Sie herabfällt. Sehen Sie, wie dieses Licht in Form funkelnder Energieströme aus Ihren Chakras fließt, um jene zu segnen und zu trösten, für die Sie beten. Sehen Sie, wie die violette Flamme Ursache, Wirkung, Aufzeichnung und Erinnerung Ihrer eigenen Missetaten und die anderer auflöst.

Während Sie die folgenden Worte sprechen, können Sie auch Ihre eigenen Bilder visualisieren und sich vorstellen, was die violette Flamme für Sie tun soll. Kein Problem ist zu unbedeutend oder zu groß, als dass man es nicht mit der violetten Flamme angehen könnte.

Mantra

Herrliche Gegenwart Gottes, ICH BIN in mir,
erhöre mich, denn ich dekretiere hier:
Gewähre jeden Segen und Gefallen,
für das Heilige Christus-Selbst von uns allen.

Möge das violette Feuer der Freiheit wachen
und um die Welt lodern, um alles ganz zu machen.
Sättige die Erde und ihre Menschen weit und breit,
bis immer größerer Christus-Glanz in allen scheint!

ICH BIN das Wirken Gottes von der Höhe,
bewahrt durch der himmlischen Hände Liebe,
ich wandle die Ursachen der Zwietracht, die ich hier benenne,
und entferne den Kern, damit niemand Angst mehr kenne.

ICH BIN, ICH BIN, ICH BIN
die volle Macht von der Freiheit Liebesflor,
hebe die ganze Erde zum Himmel empor.
Violettes Feuer, hell entflammt in meiner Sicht
in lebendiger Schönheit, ist Gottes eigenes Licht.

Es befreit die Welt, mich und alles Leben
jetzt und immerdar und auf ewig gegeben

in der aufgestiegenen Meister Vollkommenheit!
Allmächtiger Ich bin! Allmächtiger Ich bin!
Allmächtiger Ich bin!

Das englische Original

Lovely God Presence, I AM in me,
Hear me now I decree:
Bring to pass each blessing for which I call
Upon the Holy Christ Self of each and all.

Let violet fire of freedom roll
Round the world to make all whole.
Saturate the earth and its people, too,
With increasing Christ-radiance shining through!

I AM this action from God above,
Sustained by the hand of heaven's love,
Transmuting the causes of discord here,
Removing the cores so that none do fear.

I AM, I AM, I AM
The full power of freedom's love,
Raising all earth to heaven above.
Violet fire now blazing bright,
In living beauty is God's own light.

Which right now and forever
Sets the world, myself and all life
Eternally free in ascend master perfection!
Almighty I AM! Almighty I AM! Almighty I AM!

(Um mehr über die violette Flamme zu erfahren, siehe Elizabeth Clare Prophets Buch: *Die Violette Flamme. Heilung für Körper, Geist und Seele.* Verlag Die Silberschnur, Güllesheim, 2005)

Anmerkungen

1 Bewusstsein ist das Tor zur Wirklichkeit

1 Jesus zitiert im *Thomas-Buch* (Nag-Hammadi-Codex II, 7), neu herausgegeben, übersetzt und erklärt von Hans-Martin Schenke. Akademie-Verlag, Berlin 1989

2 Matthäus 5,16 (Alle Zitate, sofern nicht anders angegeben, stammen aus der Lutherbibel von 1545.)

3 Matthäus 5,14: »Ihr seid das Licht der Welt. Es kann die Stadt, die auf einem Berge liegt, nicht verborgen sein.«

4 Matthäus 7,12

5 Matthäus 21,12–13: »Und Jesus ging zum Tempel Gottes hinein und trieb heraus alle Verkäufer und Käufer im Tempel und stieß um der Wechsler Tische und die Stühle der Taubenkrämer und sprach zu ihnen: Es steht geschrieben: ›Mein Haus soll ein Bethaus heißen‹; ihr aber habt eine Mördergrube daraus gemacht.«

6 Epheser 4,26

7 Was können Sie tun, wenn Sie eine disharmonische Situation nicht am selben Tag bereinigen können, aber entschlossen sind, nicht zuzulassen, dass Ihr Ka Ihren Zorn auslebt, während Sie des Nachts schlafen? Sie können Erz-

engel Michael anrufen und ihn bitten, Ihren Zorn zu versiegeln, ihn einzusperren.
Stellen Sie sich dazu eine stabile Pappschachtel vor, die in leuchtendes metallisch-blaues Papier gewickelt und mit einem blauen Band verschnürt ist. Stellen Sie sich weiter vor, dass sich all die unerlösten Gefühle und Themen Ihres Lebens in dieser Schachtel befinden. Sie können sich diese Schachtel auch um Ihr Unterbewusstsein und Ihr Unbewusstes herum vorstellen. Rufen Sie dann den Heiligen Geist in der Form der violetten Flamme an und bitten Sie ihn, Ihren Zorn zu verzehren und den Inhalt der Schachtel mit Gottes läuterndem Feuer zu erfüllen.

2 Die Essenz des höheren Bewusstseins

8 Paul Oskar Kristeller: *Die Philosophie des Marsilio Ficino*. Klostermann, Frankfurt am Main 1972

9 Meister Eckehart zitiert in Sidney Spencer: *Mysticism in World Religion*. Penguin, London 1963

10 Meister Eckehart: *Deutsche Predigten und Traktate*. Nikol, Hamburg 2007

11 Origenes zitiert in Sidney Spencer: *Mysticism in World Religion*. Penguin, London 1963

12 Hebräer 12,29; 5. Mose 4,24

13 Jakobus 4,8: »Nahet euch zu Gott, so naht er sich zu euch.«

14 Stephan Schumacher (Übersetzer): *Das Tibetische Totenbuch*. Goldmann, München 2008

15 Samuel Taylor Coleridge: *Biographica Literaria*. Princeton University Press, Princeton 1983

16 Matthäus 18,21–22: »Da trat Petrus zu ihm und sprach: HERR, wie oft muss ich denn meinem Bruder, der an mir sündigt, vergeben? Ist's genug siebenmal? Jesus sprach zu ihm: Ich sage dir: Nicht siebenmal, sondern siebzigmal siebenmal.«

17 Matthäus 5,44–45: »Ich aber sage euch: Liebet eure Feinde; segnet, die euch fluchen; tut wohl denen, die euch hassen; bittet für die, so euch beleidigen und verfolgen, auf daß ihr Kinder seid eures Vater im Himmel; denn er läßt seine Sonne aufgehen über die Bösen und über die Guten und läßt regnen über Gerechte und Ungerechte.«

18 Matthäus 7,1–2: »Richtet nicht, auf daß ihr nicht gerichtet werdet. Denn mit welcherlei Gericht ihr richtet, werdet ihr gerichtet werden; und mit welcherlei Maß ihr messet, wird euch gemessen werden.«

19 Shakespeare: *König Lear*. Akt. 5, Szene 3, Zeile 176. Reclam, Ditzingen 1986

20 Matthäus 13,24–30

21 Es gibt viele Flammen Gottes. Die allerwichtigsten Flammen, die wir gebrauchen können, entsprechen den sieben Strahlen (siehe das Glossar). Eine einfache Methode, sich diese Flammen vorzustellen, besteht darin, sich ganz stark die Erinnerung an ein loderndes Lager-

feuer ins Gedächtnis zu rufen. Sehen Sie vor Ihrem geistigen Auge, wie die Flammen die Farbe der Gottesflamme annehmen, die sie anrufen wollen. Vergrößern Sie nun das Bild der Flammen, bis es Ihr gesamtes Bewusstsein ausfüllt. Visualisieren Sie dann, wie Sie in die Mitte der flammenden Gegenwart Gottes treten und fühlen, wie seine Liebe Sie wie ein tausendblättriger Lotus umschließt. Jede Flamme ist ein Blütenblatt des allumfassenden Bewusstseins von Gott. Das Buch *Mantras des Westens. Mit der Kraft des Wortklanges*, herausgegeben vom Silberschnur Verlag, Güllersheim, 2007, wird Ihnen helfen, Ihre Visualisierung der Flammen Gottes aufrechtzuerhalten, wenn Sie Mantras, Dekrete oder Affirmation aufsagen.

22 1. Korinther 15,40: »Und es sind himmlische Körper und irdische Körper; aber eine andere Herrlichkeit haben die himmlischen Körper und eine andere die irdischen.«

23 Apostelgeschichte 2,1–4; Matthäus 3,11

24 1. Korinther 15,42–45

25 Sprichwörter 3,5: »Verlass dich auf den HERRN von ganzem Herzen und verlass dich nicht auf deinen Verstand.«

26 Hebräer 11,1

3 Die Kunst der Selbstfindung

27 Ernst Müller (Herausgeber): *Der Sohar. Das heilige Buch der Kabbala.* Diederichs, München 1993

28 Elizabeth Cheney: *Overheard in an Orchard.* (In einem Obstgarten gehört)

29 Matthäus 10,39

30 2. Mose 20,3

31 2. Mose 20,5–6

32 1. Mose 1, 26: »Und Gott sprach: Lasst uns Menschen machen, ein Bild, das uns gleich sei.«

33 Matthäus 6,1–4

34 Matthäus 13,29: »Er sprach: Nein! auf dass ihr nicht zugleich den Weizen mit ausraufet, so ihr das Unkraut ausjätet.«

35 Matthäus 11,12

36 2. Timotheus 2,15: »Befleißige dich, Gott dich zu erzeigen als einen rechtschaffenen und unsträflichen Arbeiter, der da recht teile das Wort der Wahrheit.«

37 Matthäus 25,21

38 5. Mose 6,4

39 Matthäus 10,16: »Siehe, ich sende euch wie Schafe mitten unter die Wölfe; darum seid klug wie die Schlangen und ohne Falsch wie die Tauben.«

40 Matthäus 2,2 (Einheitsübersetzung)

41 Lukas 12,32: »Fürchte dich nicht, du kleine Herde! denn es ist eures Vaters Wohlgefallen, euch das Reich zu geben.«

42 1. Johannes 3,2: »Wir wissen aber, wenn es erscheinen wird, dass wir ihm gleich sein werden; denn wir werden ihn sehen, wie er ist.«

4 *»Mensch, erkenne dich selbst«*

43 Andrew Harvey, Anne Baring: *The Mystic Vision: Daily Encounters with the Divine*. Harper, San Francisco 1995

44 Psalm 8,4–9

45 2. Moses 20,3

46 Galater 6,7: »Irrt euch nicht! Gott lässt sich nicht spotten. Denn was der Mensch sät, das wird er ernten.«

47 Apostelgeschichte 9,5

48 1. Korinther 8,5–6: »Und wiewohl welche sind, die Götter genannt werden, es sei im Himmel oder auf Erden (sintemal es sind viele Götter und Herren), so haben wir doch nur einen Gott, den Vater, von welchem alle Dinge sind und wir zu ihm …«

49 Sprüche 16,32 (Einheitsübersetzung)

50 Prediger Salomo 1,14–15

51 Johannes 14,12

52 Jakobus 2,19

53 Im englischen Original folgt hier ein Wortspiel: »Devil being defined as ›deified evil‹.« Teufel definiert als das vergöttlichte Böse.

54 Psalm 8,5: »Du hast ihn nur wenig geringer gemacht als Gott, hast ihn mit Herrlichkeit und Ehre gekrönt.« (Einheitsübersetzung)

55 Matthäus 10,39: »Wer sein Leben findet, der wird's verlieren; und wer sein Leben verliert um meinetwillen, der wird's finden.«

56 Epheser 5,26: »... auf dass er sie heiligte, und hat sie gereinigt durch das Wasserbad im Wort ...«

57 Kolosser 3,9–10

58 1. Korinther 15,26: »Der letzte Feind, der aufgehoben wird, ist der Tod.«

59 »Erkenne dich selbst!« ist ein altes Sprichwort, das mehreren Quellen zugeschrieben wird, darunter auch Thales und Solon von Athen, zwei der sieben Weisen Griechenlands, sowie Sokrates. Cicero nennt es eines der Prinzipien des Apollon. Es war eine der Maximen, die in goldenen Lettern über dem Portikus des Tempels von Delphi eingraviert war.

5 Die Identifizierung mit dem wahren Selbst

60 Rabindranath Tagore: *Kabir. Im Garten der Gottesliebe.* Kristkeitz, Heidelberg 2005

61 Psalm 1,1–2: »Wohl dem Mann, der nicht dem Rat der Frevler folgt, nicht auf dem Weg der Sünder geht, nicht im Kreis der Spötter sitzt, sondern Freude hat an der Wei-

sung des Herrn, über seine Weisung nachsinnt bei Tag und bei Nacht!« (Einheitsübersetzung)

62 1. Thessalonicher 5,19: »Den Geist dämpfet nicht …«

63 Matthäus 11,12: »Aber von den Tagen Johannes des Täufers bis hierher leidet das Himmelreich Gewalt, und die Gewalt tun, die reißen es an sich.«

64 Matthäus 6,33: »Trachtet am ersten nach dem Reich Gottes und nach seiner Gerechtigkeit, so wird euch solches alles zufallen.«

6 *Energieebenen und das Potenzial des Selbst*

65 Brian Walker: *Dies sagte Laotse. Die unbekannten Lehren des Hua-hu ching*. Kamphausen, Bielefeld 1999

66 Matthäus 25,14–30 (Einheitsübersetzung)

67 Matthäus 10,28

68 Lukas 9,25: »Und welchen Nutzen hätte der Mensch, ob er die ganze Welt gewönne, und verlöre sich selbst oder beschädigte sich selbst?«

69 Jakobus 1,17

70 Galater 6,7

71 Lukas 15,11–32

72 Matthäus 25,29 (Einheitsübersetzung)

73 Der Ort, an dem Gott ist. (Hebräer 12,29: »… denn unser Gott ist ein verzehrend Feuer.«)

74 Siehe dazu: Elizabeth Clare Prophet: *Die Violette Flamme. Heilung für Körper, Geist und Seele*. Verlag Die Silberschnur, Güllersheim, 2005, sowie Mark und Elizabeth Clare Prophet: *Saint Germain. Alchemie*. Ansata, München, 2009.

75 Markus 10,13–16

76 1. Mose 1,26–28: »Und Gott sprach: Lasst uns Menschen machen, ein Bild, das uns gleich sei, die da herrschen über die Fische im Meer und über die Vögel unter dem Himmel und über das Vieh und über die ganze Erde und über alles Gewürm, das auf Erden kriecht. Und Gott schuf den Menschen ihm zum Bilde, zum Bilde Gottes schuf er ihn; und schuf sie einen Mann und ein Weib. Und Gott segnete sie und sprach zu ihnen: Seid fruchtbar und mehrt euch und füllt die Erde und macht sie euch untertan und herrscht über die Fische im Meer und über die Vögel unter dem Himmel und über alles Getier, das auf Erden kriecht.«

7 Das Ego

77 Siehe dazu Idries Shah: *Die fabelhaften Heldentaten des weisen Narren Mulla Nasrudin*. Herder, Freiburg 2008

78 Genesis 1,27: »Und Gott schuf den Menschen ihm zum Bilde, zum Bilde Gottes schuf er ihn; und schuf sie einen Mann und ein Weib.«

79 Johannes 10,9: »Ich bin die Tür; so jemand durch mich eingeht, der wird selig werden und wird ein und aus gehen und Weide finden.«

80 1. Korinther 15,50: »Das sage ich aber, liebe Brüder, dass Fleisch und Blut nicht können das Reich Gottes ererben; auch wird das Verwesliche nicht erben das Unverwesliche.«

81 1. Korinther 15,31: »Bei unserm Ruhm, den ich habe in Christo Jesu, unserm HERRN, ich sterbe täglich.«

82 Markus 1,11

8 Das Netzwerk der Freude ausweiten

83 Mutter Teresa: *Die Sprache des Herzens: Gedanken für jeden Tag*. Herder, Freiburg 2008

84 Die Autoren empfehlen dazu die Lektüre der *Dienstanweisung für einen Unterteufel* von C. S. Lewis (Herder, Freiburg 2009) im Zusammenhang mit den Büchern dieser Reihe.

85 Lukas 11,52

86 Matthäus 7,9: »Welcher ist unter euch Menschen, so ihn sein Sohn bittet ums Brot, der ihm einen Stein biete?«

87 Apostelgeschichte 20,35

88 Lukas 1,52

9 *»Es spielt keine Rolle!«*

89 Nyânaponika Mahâthera: *Sutta-Nipata*. Beyerlein-Steinschulte, Stammheim 1996

90 Matthäus 19,30: »Aber viele, die da sind die Ersten, werden die Letzten, und die Letzten werden die Ersten sein.«

91 1. Tessalonicher 2,19–20: »Denn wer ist unsre Hoffnung oder Freude oder Krone des Ruhms? Seid nicht auch ihr es vor unserm HERRN Jesus Christus zu seiner Zukunft? Ihr seid ja unsre Ehre und Freude.«

92 Psalm 1,4: »Aber so sind die Gottlosen nicht, sondern wie Spreu, die der Wind verstreut.«

93 Matthäus 10,37

94 Genesis 16; 17,15–21; Galater 4,22–23: »Denn es steht geschrieben, dass Abraham zwei Söhne hatte: einen von der Magd, den andern von der Freien. Aber der von der Magd war, ist nach dem Fleisch geboren; der aber von der Freien ist durch die Verheißung geboren.« Der Sohn der Verheißung ist Abrahams Sohn Isaak, der das Wahre Selbst symbolisiert, das als Fusion des Lichtes des Vater-Mutter-Gottes in uns erscheint.

95 Johannes 3,1–21

96 1. Korinther 15,47–49: »Der erste Mensch ist von der Erde und irdisch; der andere Mensch ist der HERR vom Himmel. Welcherlei der irdische ist, solcherlei sind auch die irdischen; und welcherlei der himmlische ist, solcherlei sind auch die himmlischen. Und wie wir getra-

gen haben das Bild des irdischen, also werden wir auch tragen das Bild des himmlischen.«

10 Die Bildung des Herzens

97 1. Könige, 3,7, 9 (Einheitsübersetzung)
98 1. Buch Mose 4,1–16
99 Offenbarung 3,11
100 Johannes 5,39

11 Menschliche Launen und Stimmungen

101 Cornelia M. Knollmeyer, Evaldine M. Ketteler: *Gott zum Freund haben: Exerzitien mit Teresa von Ávila.* Echter, Würzburg 2008
102 Matthäus 5,5: »Selig sind die Sanftmütigen; denn sie werden das Erdreich besitzen.«
103 Sprüche 4,7
104 Matthäus 16,23
105 2. Timotheus 2,15: »Bemüh dich darum, dich vor Gott zu bewähren als ein Arbeiter, der sich nicht zu schämen braucht, als ein Mann, der offen und klar die wahre Lehre vertritt.« (Einheitsübersetzung)

12 Aktion und Reaktion

106 Andrew Harvey: *Die Lehren des Rumi: Weisheiten des Herzens: Weisheiten des großen Sufi-Meisters.* Deutscher Taschenbuchverlag, München 2001

107 Apostelgeschichte 17,26: »Und er hat gemacht, dass von einem Blut aller Menschen Geschlechter auf dem ganzen Erdboden wohnen, und hat Ziel gesetzt und vorgesehen, wie lange und wie weit sie wohnen sollen.«

108 Psalm 2,1

109 Munish B. Schiekel (Übersetzer): *Dhammapada – Die Weisheitslehren des Buddha.* Herder, Freiburg 2009

110 Ebenda

111 Rudyard Kipling: »If« (Wenn) in *Gedichte.* Coron, Zürich 1975 (hier in der Übersetzung von Lothar Sauer)

13 Der verborgene Mensch des Herzens

112 Kabita Rump (Übersetzerin): *Upanishaden: Band 3: Chandogya-upanishad. Übersetzung mit Erläuterungen.* LIT-Verlag, Münster 2007

113 1. Mose 1,27–31: »Und Gott schuf den Menschen ihm zum Bilde, zum Bilde Gottes schuf er ihn; und schuf sie einen Mann und ein Weib … Und Gott sah alles an, was er gemacht hatte; und siehe da, es war sehr gut.«

114 Galater 6,7–8

115 Johannes 1,9: »Das war das wahrhaftige Licht, welches alle Menschen erleuchtet, die in diese Welt kommen.«

116 1. Petrus 3,4: »… sondern der verborgene Mensch des Herzens unverrückt mit sanftem und stillem Geiste; das ist köstlich vor Gott.«

117 Offenbarung 1,18

118 Markus 10,31

119 Johannes 3,7

14 Die Erinnerung der Seele

120 Siehe dazu: Charles Kingsley: *Hypatia: Ein Frauenschicksal der Antike im Spannungsfeld von Platonismus und Christentum*. Clavis-Verlag, Frankfurt 2008

121 Johannes 1,1

122 Matthäus 3,12

123 Sprüche 14,12

124 1. Mose 2,7: »Da formte Gott, der Herr, den Menschen aus Erde vom Ackerboden und blies in seine Nase den Lebensatem. So wurde der Mensch zu einem lebendigen Wesen.« (Einheitsübersetzung); 3,19: »… bis du zurückkehrst zum Ackerboden; von ihm bist du ja genommen. Denn Staub bist du, zum Staub musst du zurück.« (Einheitsübersetzung)

125 1. Mose 1,26: »Und Gott sprach: Lasst uns Menschen machen, ein Bild, das uns gleich sei.«

126 1. Johannes 3,2: »Meine Lieben, wir sind nun Gottes Kinder; und es ist noch nicht erschienen, was wir sein werden. Wir wissen aber, wenn es erscheinen wird, dass wir ihm gleich sein werden; denn wir werden ihn sehen, wie er ist.«

127 1. Korinther 3,19: »Denn dieser Welt Weisheit ist Torheit bei Gott.«

128 Apostelgeschichte 9,5

129 2. Korinther 9,7

15 Das Bewusstsein des lebendigen Gottes

130 Marc Aurel: *Selbstbetrachtungen.* Insel, Frankfurt 2007

131 Jesaja 53,5

132 Hebräer 10,17

133 Hebräer 7,25: »Daher kann er auch selig machen immerdar, die durch ihn zu Gott kommen, und lebt immerdar und bittet für sie.«

134 Palm 1,1–2: »Wohl dem, der nicht wandelt im Rat der Gottlosen noch tritt auf den Weg Sünder noch sitzt, da die Spötter sitzen, sondern hat Lust zum Gesetz des HERRN und redet von seinem Gesetz Tag und Nacht!«

135 Johannes 14,2: »In meines Vaters Hause sind viele Wohnungen. Wenn es nicht so wäre, so wollte ich zu euch sagen: Ich gehe hin euch die Stätte zu bereiten.«

136 1. Korinther 10,4: »… und haben alle einerlei geistlichen Trank getrunken; sie tranken aber vom geistlichen Fels, der mitfolgte, welcher war Christus.«

16 Herrschaft über das Selbst erringen

137 Henry Wadsworth Longfellow: »The Poets« in *Ausgewählte Gedichte*, Reclam, Leipzig 1925

138 1. Korinther 6,19–20

139 Epheser 2,19–22: »So seid ihr nun nicht mehr Gäste und Fremdlinge, sondern Bürger mit den Heiligen und Gottes Hausgenossen, erbaut auf den Grund der Apostel und Propheten, da Jesus Christus der Eckstein ist, auf welchem der ganze Bau ineinandergefügt wächst zu einem heiligen Tempel in dem HERRN, auf welchem auch ihr mit erbaut werdet zu einer Behausung Gottes im Geist.«

140 Johannes 10,1: »Wer nicht zur Tür eingeht in den Schafstall, sondern steigt anderswo hinein, der ist ein Dieb und ein Mörder.«

141 Johannes 8,12: »Ich bin das Licht der Welt; wer mir nachfolgt, der wird nicht wandeln in der Finsternis, sondern wir das Licht des Lebens haben.«

142 Matthäus 18,3–4: »Es sei denn, dass ihr umkehret und werdet wie die Kinder, so werdet ihr nicht ins Himmelreich kommen. Wer nun sich selbst erniedrigt wie dies Kind, der ist der Größte im Himmelreich.«

143 Zitiert in Andrew Harvey (Herausgeber): *The Essential Mystics: Selections from the World's Great Wisdom Traditions.* Harper, San Francisco 1996

144 Jakobus 4,8

145 Matthäus 6,20–21: »Sammelt euch aber Schätze im Himmel, da sie weder Motten noch Rost fressen und da die Diebe nicht nachgraben noch stehlen. Denn wo euer Schatz ist, da ist auch euer Herz.«

146 5. Mose 6,4

147 Kolosser 2,9

148 Prediger Salomo (Kohelet) 12,6: »… ehe die silberne Schnur zerreißt …« (Einheitsübersetzung)

149 Edward Conze u. a. (Herausgeber): *Buddhists Texts Through the Ages.* Harper and Row, New York 1964

150 Shankara: *Die Katha-Upanishad. Von der Unsterblichkeit des Selbst.* O. W. Barth, Frankfurt am Main 2006

151 Offenbarung 3,4–5; 6,9–11; 7,9, 13–17; 19,7–8, 14: »Und ihm folgte nach das Heer im Himmel auf weißen Pferden, angetan mit weißer und reiner Leinwand.«

152 1. Korinther 15,53–54

153 Offenbarung 2,11; 20,6, 11–15; 21,8: »Aber die Feiglinge und Treulosen, die Befleckten, die Mörder und Unzüchtigen, die Zauberer, Götzendiener und alle Lügner – ihr Los wird der See von brennendem Schwefel sein. Dies ist der zweite Tod.« (Einheitsübersetzung)

154 Saint Germain am 2. Dezember 1984 in *Maitreya On the Image of God, Book II.* (1984 *Pearls of Wisdom*, Band 27) Summit University Press, Corwin Springs 1990

Glossar

Kursiv gesetzte Begriffe werden an anderer Stelle im Glossar erläutert.

Akascha-Chronik
Die Eindrücke von allem, was sich jemals im physischen Universum ereignet hat und in der ätherischen Substanz und Dimension gespeichert ist, werden mit dem Begriff *Akascha* bezeichnet. Diese Aufzeichnungen können von Menschen mit entwickelten Seelenfähigkeiten gelesen werden.

Astralebene
Der Frequenzbereich mit der niedrigsten Schwingung in Zeit und Raum, das Repositorium der bewussten wie unbewussten menschlichen Gedanken und Gefühle.

Aufgestiegene Meister
Erleuchtete geistige Wesen, die früher auf Erden gelebt und ihre Bestimmung dort erfüllt haben und aufgestiegen sind (mit Gott wiedervereinigt worden sind). Die aufgestiegenen Meister sind die wahren

Lehrer der Menschheit. Sie lenken die spirituelle Entwicklung aller Schüler Gottes und führen sie zurück zu ihrem Quell.

Aufstieg
Eine spirituelle Beschleunigung des Bewusstseins, die während des natürlichen Endes des letzten irdischen Lebens stattfindet und durch die sich die Seele wieder mit Gott vereinigt und frei vom Rad des Karmas und der Wiedergeburt wird. (Siehe dazu auch Seite 231)

Avatar
Vom Sanskrit-Wort *avatara*, wörtlich »Herabkunft«. Ein hinduistischer Begriff für eine Inkarnation Gottes auf Erden.

Bodhisattva
Ein Wesen, das *bodhi*, also Erleuchtung, erlangt, aber geschworen hat, die Glückseligkeit des Nirwana (der höchste transzendente Bewusstseinszustand im Buddhismus) zurückzustellen, bis alle Wesen auf Erden erlöst sind.

Brüder der goldenen Robe
Ein spiritueller Orden *aufgestiegener* wie nicht-aufgestiegener Wesen, der von der *Großen Weißen Bru-*

derschaft gefördert wird und sich die Erleuchtung der Menschheit zum Ziel gesetzt hat.

Bruderschaft
Siehe *Große Weiße Bruderschaft*

Chakra
(Sanskrit: »Rad, Scheibe, Kreis«) Ein Begriff, der die *Licht*zentren bezeichnet, die im *ätherischen Körper* verankert sind und den Energiefluss zu den *vier niederen Körper* des Menschen regulieren.

Christus
(Vom Griechischen *christos* »gesalbt«) Einer, der vollkommen vom Licht (dem Sohn) Gottes erfüllt – gesalbt – ist. Das *Wort*, der *Logos*, der Mittler, die zweite Person der Dreieinigkeit. In der hinduistischen Trinität aus Brahma, Vishnu und Shiva entspricht der Begriff »Christus« Vishnu, dem Bewahrer, oder ist dessen Verkörperung.

Christus-Selbst
Unser innerer Lehrer, Vormund, Freund und Anwalt vor Gott; der für jeden von uns individualisierte *universelle Christus*. Die wahre Identität der *Seele*, das *wahre Selbst* jedes Mannes, jeder Frau und jedes Kindes, zu dem sich die *Seele* erheben muss. Wenn man

die vollständige Seelenidentifizierung mit dem Christus-Selbst erlangt, erlangt man das *Christus*-Bewusstsein und wird fortan als Gechristeter oder Gesalbter bezeichnet.

Darjeeling-Konzil
Ein Konzil der *Großen Weißen Bruderschaft*, das aus *aufgestiegenen Meistern* sowie nicht-aufgestiegenen Schülern besteht und sein Hauptquartier in einem ätherischen *Refugium* über Darjeeling in Indien hat. Sein Hauptanliegen besteht darin, Seelen zum weltlichen Dienst in göttlicher Regierung und Wirtschaft auszubilden.

Dekret
Eine dynamische Form des gesprochenen Gebetes, die von den Schülern der *aufgestiegenen Meister* gebraucht wird, um das *Licht* Gottes auf persönliche wie planetarische Zustände zu lenken.

Dreifältige Flamme
Die in der *geheimen Kammer des Herzens* versteckte Flamme Gottes; der Kontaktpunkt der *Seele* mit ihrem Quell; der göttliche Funke; die Herzflamme. Sie besteht aus drei ineinander verschlungenen Flammen: der blauen Flamme der Macht, der gelben Flamme der Weisheit und der rosafarbenen Flamme der Liebe.

Diese drei Flammen entsprechen auch der Trinität: Vater (Brahma), Sohn (Vishnu) und *Heiliger Geist* (Shiva). (Siehe auch die Seiten 152 f., 227 ff.)

Elementarwesen

Wesen der Erde, der Luft, des Feuers und des Wassers; Naturgeister, welche die Diener Gottes und des Menschen sind. Die Elementarwesen stellen die physische Grundlage für die Evolutionen der Seele bereit und halten diese aufrecht. Die Elementarwesen, die dem Feuerelement dienen, heißen Salamander; jene, die dem Luftelement dienen, Sylphen; jene, die dem Wasserelement dienen, Undinen; und jene, die dem Erdelement dienen, Gnome.

Erzengel Michael

Der Engel des HERRN, der das Christus-Bewusstsein in allen Kindern Gottes verteidigt, auch als Fürst der Erzengel und Verteidiger des Glaubens bekannt. Er ist in den jüdischen, christlichen und islamischen Schriften und Überlieferungen der am meisten verehrte aller Engel.

Fiat

Eine voller Autorität verkündete Entscheidung, ein Befehl, eine Anordnung oder Verkündigung; eine kurze dynamische Anrufung oder ein *Dekret*, das üblicherweise im Namen Gottes, ICH BIN, ausgesprochen wird, wie etwa: »ICH BIN der Weg!«, »ICH BIN die Wahrheit!« oder »ICH BIN die Auferstehung und das Leben!«

Gefallene Engel
Jene Engel, die *Luzifer* bei der großen Rebellion folgten und deren Bewusstsein daher auf niedrigere Schwingungs- und Bewusstseinsebenen »fiel«, als sie durch Erzengel Michael zur Erde herniedergeworfen wurden. Aufgrund des Karmas, das durch ihren Ungehorsam gegenüber Gott und seinem *Christus* und ihre Blasphemie gegenüber seinen Kindern entstand, wurden sie dazu gezwungen, dichte physische Körper anzunehmen und sich in diesen zu entwickeln.

Gegenwart
Siehe *ICH-BIN-Gegenwart*

Geheime Kammer des Herzens
Eine zentrale spirituelle Kammer hinter dem Herz-Chakra, die von großem *Licht* und Schutz umgeben ist. Hier ist der Anknüpfpunkt der Lichtschnur, die von der ICH-BIN-Gegenwart herabkommt, um den Schlag des physischen Herzens aufrechtzuerhalten, und die dem Menschen Leben, Sinn und kos-

mische Integration schenkt. Dies ist der spezielle Ort, an dem man mit dem *Christus-Selbst* Zwiesprache hält und das Feuer der *dreifältigen Flamme* anfacht.

Geist
Die männliche Polarität der Gottheit; die Koordinate der *Materie*; Gott als Vater beziehungsweise Brahma. Die Ebene der *Ich-bin-Gegenwart*, der Vollkommenheit.

Gottes-Flamme
Das *heilige Feuer*, die Identität, das Wesen und Bewusstsein Gottes im weißen und als weißer Feuerkern des Seins. (Siehe auch *dreifältige Flamme*)

Gottes-Gegenwart
Siehe *Ich-bin-Gegenwart*

Göttliche Gegenwart
Siehe *Ich-bin-Gegenwart*

Göttliche Mutter
Die weibliche Polarität der Gottheit, die Manifestierung Gottes als Mutter. Materie ist die weibliche Polarität zu *Geist*, und der Begriff ist mit dem lateinischen Wort für Mutter *mater* austauschbar. In diesem

Kontext wird die gesamte materielle Welt zum Schoß der Schöpfung, in den der *Geist* die Energien des Lebens hineinprojiziert.

Göttlicher Funke
Siehe *dreifältige Flamme*

Göttliches Menschenkind
Die Inkarnation des *Universellen Christus* im Wassermann-Zeitalter in dem einen Kind und den vielen Söhnen und Töchtern Gottes, deren Bestimmung es ist, das *Christus*-Bewusstsein auf die Evolutionen der Erde zu fokussieren.

Göttliches Selbst
Siehe *Höheres Selbst*

Große Weiße Bruderschaft
Eine spirituelle Bruderschaft *aufgestiegener Meister*, Erzengel und anderer fortgeschrittener geistiger Wesen. Der Begriff *weiß* bezieht sich nicht auf eine Rasse, sondern auf die Aura aus weißem *Licht*, die diese Unsterblichen umgibt. Die Große Weiße Bruderschaft arbeitet mit ernsthaften Suchern aller Rassen und Religionen und aus allen gesellschaftlichen Schichten zusammen, um der Menschheit zu helfen. Die Bruderschaft hat auch gewisse nicht-auf-

gestiegene Schüler der *aufgestiegenen Meister* aufgenommen.

Große Zentralsonne
Das Zentrum des Kosmos, der Integrationspunkt des Geist-Materie-Kosmos, der Ursprungspunkt aller physisch-spirituellen Schöpfung, auch als Große Nabe bezeichnet.

Größeres Selbst
Siehe *Höheres Selbst*

Heiliger Geist
Die dritte Person der Dreieinigkeit, die gespaltenen Feuerzungen, die den Vater-Mutter-Gott konzentrieren; auch *heiliges Feuer* genannt. In der hinduistischen Trinität aus Brahma, Vishnu und Shiva entspricht der Heilige Geist Shiva.

Heiliges Christus-Selbst
Siehe *Christus-Selbst*

Heiliges Feuer
Gott, *Licht*, Leben, Energie, der *Ich bin, der Ich bin*. »Unser Gott ist ein verzehrend Feuer.« (Hebräer 12,29) Das Kundalini-Feuer, das als zusammengerollte Schlange im Chakra an der Wirbelsäulenbasis liegt und durch

spirituelle Reinigung und Selbstmeisterung zum Kronen-Chakra emporsteigt und dabei die anderen, dazwischenliegenden spirituellen Zentren belebt.

Herren des Karma

Die aufgestiegenen Wesen, aus denen das *Karmische Direktorium* besteht. Die Herren des Karma sprechen Recht in diesem Weltensystem, entscheiden über *Karma*, Barmherzigkeit und Gerechtigkeit für jeden Lebensfluss. Alle Seelen müssen vor und nach jeder Verkörperung auf Erden vor dem *Karmischen Direktorium* erscheinen, wo sie vorher ihre Aufgaben und karmische Zuteilungen für die jeweilige Lebensspanne erhalten und wo hinterher ihre Leistung beurteilt wird.

Höheres Selbst

Die *Ich-bin-Gegenwart*; das *Christus-Selbst*; der verherrlichte Aspekt des Selbstseins. Der Begriff wird im Gegensatz zum »niederen Selbst« oder »kleinen Selbst« gebraucht, welches das bezeichnet, was dabei ist, ganz zu werden und die Erkenntnis des Selbst als Gott zu erlangen.

Ich-bin-Gegenwart

Die Gegenwart Gottes, der Ich bin, der Ich bin, die für jeden von uns individualisiert ist. (Siehe auch Seite 222 ff.)

Jesus Christus

Der *aufgestiegene Meister*; der *Avatar* des Fische-Zeitalters, die Inkarnation des *Wortes*, der *Universelle Christus*. Jesus kam, um der ganzen Menschheit das individuelle Christus-Selbst zu offenbaren und die Werke des Vaters (der *Ich-bin-Gegenwart*) zu zeigen, die durch seine Söhne und Töchter vollbracht werden können.

Karma

Sanskrit-Wort für »Handlung«, »Werk« oder »Tat«. Die Konsequenzen der eigenen Gedanken, Worte und Taten aus diesem und früheren Leben; das Gesetz von Ursache und Wirkung, das verfügt, dass alles, was wir zum Guten oder zum Bösen tun, irgendwann zu uns zurückkehren wird.

Karmisches Direktorium

Siehe *Herren des Karma*

Kausalkörper

Einander durchdringende Lichtkugeln, welche die *Ich-bin-Gegenwart* auf der geistigen Ebene umgeben. Die Kugeln des Kausalkörpers enthalten die Aufzeichnungen der tugendhaften Taten, die wir während unserer zahlreichen Inkarnationen auf Erden zum Ruhme Gottes und zum Segen der

Menschen vollbracht haben. (Siehe dazu die Seiten 42, 223 f.)

Kleines Selbst
Siehe *Niederes Selbst*

Lebensfluss
Der Fluss des Lebens, der dem *Geist* entspringt und auf die Ebenen der Materie hinunterfließt, wo er sich als *dreifältige Flamme* manifestiert, die in der *Geheimen Kammer des Herzens* verankert ist. Bezeichnet die kontinuierliche Natur des Individuums durch Zyklen der Individualisierung hindurch.

Licht
Der universelle Glanz und die universelle Energie Gottes.

Lichtoktaven
Reiche oder Ebenen der Vollkommenheit jenseits der irdischen Reiche von Zeit und Raum.

Luziferisch
Zu Luzifer gehörend, also zu jenem Erzengel, der aufgrund seines Stolzes und Ehrgeizes aus der Gnade Gottes herausfiel. Die Engel, die Luzifer folgten, wer-

den Luziferianer, Satanisten oder Söhne Beliars genannt.

Maha Chohan
Der Repräsentant des *Heiligen Geistes* gegenüber der Erde und ihren Evolutionen, auch als der Große Herr der *sieben Strahlen* bekannt.

Makrokosmos
(Griechisch: »große Welt«) Der größere Kosmos; die Schöpfung mit allem Drum und Dran. Wird auch gebraucht, um den Menschen als Mikrokosmos (»kleine Welt«) im Gegensatz zu der größeren Welt, in der er lebt, darzustellen.

Mantra
Ein mystisches Wort oder eine mystische Formel, häufig in Sanskrit, die gesprochen oder gesungen werden kann, um das Wirken vom *Geist* Gottes im Menschen zu verstärken.

Manu
(Sanskrit) Der Stammvater und Gesetzgeber der Evolutionen Gottes auf Erden. Der Manu und seine göttliche Ergänzung sind *Zwillingsflammen*, die vom *Vater-Mutter-Gott* beauftragt wurden, das Bild *Christi* für eine bestimmte Evolution von

Seelen, die als »Wurzelrasse« bekannt ist, zu beseelen.

Mikrokosmos

(Griechisch: »kleine Welt«) 1) Die Welt des Individuums, seiner *vier niederen Körper*, seiner Aura und des Kraftfeldes seines Karmas, oder 2) der Planet. (Siehe auch *Makrokosmos*)

Monade

Die menschliche Monade ist das gesamte Kraftfeld des Selbst, das jene Selbstbewusstheit ausmacht, die sich als menschlich identifiziert. Sie besteht aus miteinander verbundenen Einflusssphären: genetischen, umweltbedingten und karmischen. Die göttliche Monade besteht aus der *ICH-BIN-Gegenwart* und dem *Kausalkörper* des Individuums.

Mutter der Barmherzigkeit

Die aufgestiegene Meisterin Guanyin, die auch als Mutter der Barmherzigkeit oder Göttin des Mitgefühls bekannt ist, weil sie die göttlichen Eigenschaften der Barmherzigkeit, des Mitgefühls und der Vergebung beseelt. Guanyin stieg vor Tausenden von Jahren auf und hat das Bodhisattva-Gelübde abgelegt, dem Planeten Erde so lange zu dienen, bis alle seine Evolutionen frei sind.

Mysterienschule
Ein von der *Großen Weißen Bruderschaft* unterhaltenes Refugium, das als Aufbewahrungsort des Wissens um die heiligen Mysterien dient, die den Seelen gewährt werden, wenn sie die dafür notwendige Disziplin und Liebe unter Beweis gestellt haben.

Niederes Selbst
Das geringere Selbst oder das menschliche Selbst, im Gegensatz zum *Höheren Selbst;* eine Identität, die auf Einschränkungen und den Gesetzen der Sterblichkeit beruht.

Refugium
Die spirituelle Heimstatt eines *aufgestiegenen Meisters* oder himmlischen Wesens. Refugien sind überwiegend in der Himmels-Welt zu finden.

Saint Germain
Der aufgestiegene Meister, welcher der Hierarch des Wassermann-Zeitalters und der Förderer der Vereinigten Staaten von Amerika ist. Er trägt die göttlichen Eigenschaften der Freiheit, Barmherzigkeit und Vergebung in seiner Seele. Er lehrt uns, die *violette Flamme* anzurufen, um unser *Karma* umzuwandeln und unsere unsterbliche Freiheit zu gewinnen.

Satanismus

Die Praktiken jener, die Satan folgen. Satan war ein Unterführer *Luzifers*, des gefallenen Erzengels, und ein führendes Mitglied in dessen falscher Hierarchie.

Seele

Gott ist *Geist*, und die *Seele* ist das lebendige Potenzial Gottes. Die Bestimmung der Evolution der *Seele* auf Erden besteht darin, sich unter Anleitung ihres *Heiligen Christus-Selbst*, ihrer *ICH-BIN-Gegenwart* und der *aufgestiegenen Meister* zu vervollkommnen, damit sie zu Gott zurückkehren kann.

Sieben Strahlen

Die Lichtstrahlen, die von der Gottheit ausgehen; die *sieben Strahlen* weißen Lichtes, die durch das Prisma des Christus-Bewusstseins zum Vorschein kommen. Jeder Strahl konzentriert eine Frequenz, eine Farbe und eine bestimmte Eigenschaft.

1. Blau: Glaube, Wille, Macht, Vollkommenheit und Schutz.
2. Gelb: Weisheit, Erkenntnis, Erleuchtung und Illumination.
3. Rosa: Mitgefühl, Güte, Mildtätigkeit, Liebe und Schönheit.
4. Weiß: Reinheit, Disziplin, Ordnung und Freude.

5. Grün: Wahrheit, Wissenschaft, Heilung, Musik, Reichtum und Vision.
6. Lila und Gold: Fürsorge, Dienen, Frieden und Brüderlichkeit
7. Violett: Freiheit, Barmherzigkeit, Gerechtigkeit, Verwandlung und Vergebung.

Sohn Gottes
Die zweite Person der Dreieinigkeit; die Individualisierung des *Universellen Christus*; das *wahre Selbst* eines jeden Menschen. (Siehe auch Christus-Selbst)

The Summit Lighthouse
Eine äußere Organisation der *Großen Weißen Bruderschaft*, die Mark L. Prophet 1958 unter Anleitung des *aufgestiegenen Meisters* El Morya gründete, um die Lehren der *aufgestiegenen Meister* zu veröffentlichen.

Ungespeiste Flamme
Siehe *dreifältige Flamme*

Universeller Christus
Der Mittler zwischen den Ebenen des *Geistes* und den Ebenen der *Materie*. Als *Christus-Selbst* personifiziert, ist er der Mittler zwischen dem *Geist* Gottes und der *Seele* des Menschen.

Vater-Mutter-Gott
Die göttliche Ganzheit, von der Jesus *Christus* in der Offenbarung als »das A [Alpha] und das O [Omega], der Anfang und das Ende« sprach. Durch den *Universellen Christus,* das fleischgewordene Wort, ist der Vater der Ursprung und die Mutter die Erfüllung der Zyklen des Gottesbewusstseins, welches sich in der gesamten geistig-materiellen Schöpfung ausdrückt.

Vier niedere Körper
Die Vehikel, welche die *Seele* auf ihrer Reise auf Erden benutzt; die vier Hüllen, welche die *Seele* umgeben: 1. der ätherische oder Erinnerungskörper, 2. der Mentalkörper, 3. der Wunsch- oder Emotionalkörper, 4. der physische Körper.
Die drei höheren Körper der *Seele* sind das *Christus-Selbst*, die *Ich-bin-Gegenwart* und der *Kausalkörper.*

Violette Flamme
Das *heilige Feuer* des *Heiligen Geistes*, das die Ursache, Wirkung, Aufzeichnung und Erinnerung der Sünde – des negativen Karmas – umwandelt. Auch Flamme der Umwandlung, der Freiheit und der Vergebung genannt. (Siehe auch Seiten 235 ff.)

Wahres Selbst
Siehe *Höheres Selbst*

Weg

Der gerade, schmale Weg, der zum Leben führt. (Matthäus 7,14) Der spirituelle Weg, auf dem der Schüler, der das *Christus*-Bewusstsein anstrebt, Schritt für Schritt die Einschränkungen des Selbstseins überwindet und die Wiedervereinigung mit Gott durch das Ritual des *Aufstiegs* erlangt.

Wort

Der *Logos*, die Macht Gottes und die Realisierung dieser Macht, die im und als *Christus* Fleisch geworden ist. Durch das Wort kommuniziert der *Vater-Mutter-Gott* mit der Menschheit.

Zwillingsflamme

Die aus dem selben Körper weißen Feuers, dem feurigen Ei der *Ich-bin-Gegenwart*, hervorgegangene männliche beziehungsweise weibliche Ergänzung der Seele.

Über Kuthumi, Lanto und Meru

Kuthumi, Lanto und Meru sind Weise, die es sich zur Aufgabe gemacht haben, uns dabei zu helfen, durch Erziehung von Herz, Verstand und Seele unser volles Potenzial zu entdecken. Da sie in den spirituellen Traditionen des Ostens wie des Westens geschult sind, bieten sie einen einzigartigen Ansatz zur Meisterung des Selbst und seiner Teile sowohl auf den unterbewussten wie überbewussten Bewusstseinsebenen.

Kuthumi, Lanto und Meru haben gemeinsam mit Mark. L. Prophet und Elizabeth Clare Prophet daran gearbeitet, ihre Lehren in Bezug darauf zu veröffentlichen, wie man den Weg der mitfühlenden Erleuchtung geht – ein Weg, der eine tiefe Spiritualität nicht nur zum Zwecke des persönlichen Wachstums kultiviert, sondern auch um jenen zu helfen, die in Not sind.

Die Originalausgabe dieses Werks wurde auf Englisch veröffentlicht und in den Vereinigten Staaten von Amerika gedruckt. Die deutsche Ausgabe wurde veröffentlicht durch Lizenzierung von Summit University Press an die Verlagsgruppe Random House GmbH, Wilhelm Heyne Verlag.

Kontaktadresse des Originalverlags:
Summit University Press
63 Summit Way, Gardiner, Montana 59030-9314, U.S.A.
Tel. 001-406-848-9500 – Fax: 001-406-848-9555
E-Mail: info@SummitUniversityPress.com
Website: www.SummitUniversityPress.com

Weitere Werke der Autoren

Elizabeth Clare Prophet

Gefallene Engel und der Ursprung des Bösen

Das verbotene Buch Henoch
und seine erstaunlichen Offenbarungen
ISBN 978-3-7787-7349-9

Elizabeth Clare Prophet

Ich beschütze dich

Wie wir mit Erzengel Michael sicher durchs Leben gehen
ISBN 978-3-7787-7356-7

Elizabeth Clare Prophet / Erin L. Prophet

Reinkarnation

Das unterdrückte Geheimnis des Christentums
ISBN 978-3-7787-7370-3

Mark L. Prophet / Elizabeth Clare Prophet

Licht über Dunkel

Der kosmische Kampf zwischen Christ und Antichrist
ISBN 978-3-7787-7369-7

Mark L. Prophet / Elizabeth Clare Prophet

Saint Germain – Alchemie

Die geheimen Formeln für inneren und äußeren Reichtum
ISBN 978-3-7787-7360-4

Ansata